Brecht na Pós-Modernidade

Coleção Debates
Dirigida por J. Guinsburg

Equipe de Realização – Revisão: Évia Y. Yasumaru; Produção: Ricardo W. Neves, Sergio Kon e Raquel Fernandes Abranches

# ingrid dromien koudela
# BRECHT NA PÓS-MODERNIDADE

PERSPECTIVA

CIP-BRASIL. CATALOGAÇÃO-NA-FONTE
SINDICATO NACIONAL DOS EDITORES DE LIVROS, RJ

K88b

Koudela, Ingrid Dromien
    Brecht na pós-modernidade / Ingrid Dromien Koudela.
    - [1. reimp.]. - São Paulo : Perspectiva, 2012.
    (Debates ; 281)

    Inclui bibliografia
    ISBN 978-85-273-0268-5

    1. Brecht, Bertolt, 1898-1956 - Crítica e interpretação. I.
    Título. II. Série.

12-3491.        CDD: 832
            CDU: 821.112.2-2

25.05.12  08.06.12                035928

1ª edição – 1ª reimpressão

Direitos reservados à

EDITORA PERSPECTIVA S.A.

Av. Brigadeiro Luís Antônio, 3025
01401-000 São Paulo SP Brasil
Telefax: (11) 3885-8388
www.editoraperspectiva.com.br

2012

# SUMÁRIO

Apresentação ............................... 9

1. A Lenda Hindu do Cego e do Manco ........... 13

2. Pina Bausch: A Irmã mais Jovem de Brecht ...... 19

3. Angelus Novus ........................... 27

4. Ato Artístico Coletivo ...................... 39

5. O *Material Fatzer* ......................... 95

6. O *Maligno Baal, o Associal* ................. 125

Anexo ...................................... 133

Bibliografia ................................. 147

# APRESENTAÇÃO

Comumente, os *Lehrstücke* (as peças didáticas) foram estudadas à margem ou esteticamente desqualificadas, a partir de pontos de vista artísticos, críticos e/ou políticos fixados *a priori*, que impediam o acesso à sua poética. Os grandes textos clássicos do teatro épico de Bertolt Brecht não derrogam a especificidade da tipologia da peça didática, criada pelo *escrevinhador de peças* com objetivos diferenciados. A marca registrada da vulgata brechtiana é pensar a peça didática como aprendizado e suporte de conteúdos que envelheceram. Quando Brecht traduziu o termo *Lehrstück* para o inglês, utilizou o equivalente *Learning Play*, isto é, *um jogo de aprendizagem* e não a instrumentalização de conhecimentos preestabelecidos. Essa confusão, até hoje nefasta, afasta o conhecimento real do trabalho teórico de Brecht e sua capacidade de se adaptar a novos contextos.

Pela publicação de *Brecht: Um Jogo de Aprendizagem* (Koudela, 1991), foram recuperados materiais importantes, que eram totalmente desconhecidos entre nós e que permaneceram em grande parte fragmentários e subterrâneos na obra de Brecht. Nos fragmentos da teoria da peça didática e na especificidade dessa tipologia dramatúrgica foi possível vislumbrar uma proposta estética e pedagógica que mostrou ser merecedora de novos aprofundamentos teórico-práticos de pesquisa.

Produto do processo de coordenação do Curso de Especialização em Teatro e Dança (ECA/USP – 1989-1991) foi a publicação de *Um Vôo Brechtiano* (Koudela, 1992), que já traz uma discussão sobre a metodologia de encenação da peça didática. Um segundo resultado é a publicação de *Lehrstück und Episches Theater. Brechts Theorie und die Theaterpädagogische Praxis* (Steinweg, 1995), no qual o autor faz o registro do trabalho que desenvolveu na ECA/USP.

Em *Texto e Jogo* (Koudela, 1996), faço o registro dos trabalhos desenvolvidos com grupos de formação (alunos de graduação do Curso de Licenciatura em Educação Artística com Habilitação em Artes Cênicas, ECA/USP, 1994-1996), com adolescentes (Escola de Aplicação da USP), e com professores (projeto desenvolvido na Fundação para o Desenvolvimento da Educação do Estado de São Paulo (FDE), 1997).

A ocupação com o *Fragmento Fatzer* revelou-se frutífera, quanto mais ao ser acrescida da reflexão sobre os textos de Müller, contra-peças (*Gegenstücke*) redigidas a partir do método de aprendizagem brechtiano, que nos permite examinar o processo à luz de um dos maiores escritores na pós-modernidade. À releitura de Brecht como autor pós-moderno são abertas as portas por meio de seu parceiro congenial.

O objetivo original do presente trabalho é resgatar a proposta estética e pedagógica da peça didática de Bertolt Brecht, com vistas à sua aplicabilidade no contexto educacional brasileiro contemporâneo, pela articulação de uma metodologia de ensino/aprendizagem.

Outro objetivo, o específico da pesquisa, é a tradução de textos dramáticos e teóricos inéditos, com ênfase no *O Maligno Baal, o Associal* (Koudela, 1996) e no *Fatzerfragment* (Brecht, 1994).

Meus ensaios, produzidos entre 1998 e 2000 revelam o Brecht pós-moderno que tem como interlocutores Pina Bausch

*10*

e Heiner Müller. Como parceiro de trabalho, Brecht esteve presente através de seus princípios de ensino/aprendizagem em teatro e orientando a *práxis* artística e pedagógica. A forma do ensaio foi mantida, visando deixar transparente a dialética do processo, em detrimento de uma escritura onisciente ou unificadora.

Os *Parâmetros Curriculares Nacionais* (PCN-Arte, 1998), inscrevem a área de Arte no currículo do ensino fundamental, levantando indagações de ordem teórico-práticas para a área de Teatro, sendo que o documento passou a nortear a pesquisa.

A tradução de *O Maligno Baal, o Associal*, feita em parceria com o encenador Márcio Aurélio, possibilitou uma ampliação da experimentação com a peça didática, através da encenação do fragmento, inédito entre nós. Pudemos nos confrontar com várias questões como processo e produto, encenação e jogo teatral, na medida em que o fragmento assumiu a forma de espetáculo, mas foi também experimentado como modelo de ação no jogo teatral.

O conceito de *Handlungsmuster* (modelo de ação), visa radicalizar de acordo com Brecht a autonomia da obra de arte, o próprio autor como modelo. Ao escrever a peça didática, Brecht abdica da autoria, na medida em que concebeu exercícios de dialética, nos quais o texto é experimentado cenicamente, visando a participação do leitor como ator e co-autor do texto.

# 1. A LENDA HINDU DO CEGO E DO MANCO

Em lugar de uma introdução, gostaria de contar uma história que ouvi de um menino de onze anos. É a lenda hindu do cego e do manco. Procuro reproduzir a fala do menino, durante o café da manhã:

> – Um cego e um manco estavam na floresta, aí aconteceu um incêndio. Você pode imaginar o que fizeram? Os dois estavam perdidos. Aí o manco subiu nas costas do cego e este corria, corria na direção que o manco lhe indicava: direita, esquerda, em frente, direita, direita, esquerda, esquerda, esquerda, em frente, direita...

Enquanto o menino está contando a lenda, seu dedo indicador e médio estão cruzados e ele executa pequenos saltos com seu braço esquerdo. Aquele evento distante, fabuloso, ele o aproxima. Ele não aproxima aquele evento apenas pela fala, do relato verbal, mas também pela imitação. Ele utiliza os dois dedos da mão direita para representar a corrida de salvação do manco e do cego. Sua imitação acontece como que por acaso, como uma ação improvisada. Seu pensamento

*13*

não se organiza por um pré-planejamento de ações. Sua inteligência opera com significados que vão muito além da lógica no sentido estrito, incorporando a intuição e a sensibilidade que operam no nível sensório-corporal.

De acordo com Langer (1971), a arte pode ser definida como a prática de criar formas perceptivas, expressivas do sentimento humano. Na abordagem psicológica, a expressão espontânea dos sentimentos permanece no campo da experiência real, enquanto a arte é definida como a prática de criar formas simbólicas do sentimento. O termo *expressão* na acepção psicológica significa dar vazão ao sentimento, ou seja, é um processo de auto-expressão. É a reação espontânea a uma situação real e presente, indica o estado físico e mental em que nos encontramos. Já na definição de arte, *expressão* refere-se ao campo da experiência real. Citando, "a expressividade da arte semelha a de um símbolo e não a de um sintoma emocional; é enquanto formulação de um sentimento para a nossa percepção que propriamente se diz de uma obra de arte que ela é expressiva".

Nesse sentido, a arte não é um prolongamento da vida, mas, significa uma compreensão qualitativamente diferente da realidade. Assim que um ato é executado sem momentânea compulsão interna, não é mais auto-expressão, é expressivo no sentido lógico. Não é mais um signo da emoção que transmite, mas, um símbolo dela. Em vez de completar a história natural de um sentimento, pode apenas trazê-lo à mente, até para o protagonista. Quando uma ação assume tal significado, torna-se gesto.

A imitação de pessoas, cenas, acontecimentos, objetos, animais é familiar para as crianças... basta observá-las. Em locais públicos, no ônibus, no parque, na rua... a criança de três a sete anos de idade faz jogos de imitação o dia inteiro. É este o instrumento privilegiado de que lança mão para processar a transformação simbólica da experiência. O jogo de imitação nasce no nível sensório-corporal.

Um caso extremo que elucida o processo simbólico de transformação que a mente processa é o testemunho de Helen Keller.

Ela me trouxe o chapéu (reza a biografia), e eu soube que iria sair para o sol quente. Este pensamento, se é que uma sensação sem palavras pode chamar-se pensamento, fez com que eu pulasse e saltasse de prazer.

Andamos pelo caminho do poço, atraídas pela fragrância das madressilvas que o cobriam. Alguém estava tirando água e a professora colocou minha mão debaixo da bica. Quando a corrente fria jorrou sobre minha mão, ela soletrou, na minha outra mão, a palavra á - g - u - a, primeiro devagar, depois rapidamente. Fiquei parada, toda a minha atenção fixa no movimento de seus dedos na minha mão. De repente, senti uma obscura consciência como de algo esquecido e o mistério da linguagem me foi revelado. Soube então que á - g - u - a significa aquela sensação maravilhosa e fria, que despertava minha alma, dando-lhe luz, esperança, alegria, liberdade.

Deixei o poço ansiosa por aprender. Tudo tinha um nome e cada nome dava luz a um novo pensamento. Quando voltamos para casa, todo objeto que eu tocava parecia tremer de vida. Eu via tudo com a estranha nova visão que conquistara.

A significação da palavra é conquistada quando o jato de água jorra sobre a mão de Helen Keller. A experiência sensório-corporal constitui uma chave para a recuperação da função simbólica.

Voltemos para o menino que contou a lenda hindu. Ele tem agora dez anos a mais e é de se supor que não mais contará a história da corrida de salvação por um jogo de imitação. Talvez nem mesmo entre amigos, entre seus pares. O jogo e a imitação são submetidos, no decorrer da vida adulta, ao controle.

O homem é a soma de suas experiências de vida, as quais aparecem na sua atitude física. Os homens não se comportam apenas de acordo com determinadas normas sociais. Seu trabalho, principalmente, deixa marcas no seu corpo. Associamos ao conceito de camponês uma figura forte e robusta, com mãos grosseiras e rosto queimado pelo sol, ao passo que um empregado de escritório seria um homem com silhueta magra e franzina, mãos bem-cuidadas e cor pálida no rosto.

As imagens corporais nunca são estáticas ou claramente definíveis; elas são antes contraditórias e se modificam de acordo com diferenças socioculturais que determinam diferentes regras de comportamento. Essas regras precisam ser aprendidas por cada indivíduo e a sua interiorização é um elemento essencial de aculturação e socialização. Esse código é em grande parte aceito inconscientemente, e é difícil adquirir a consciência sobre esse processo, na medida em que determinadas leis do comportamento corporal não são percebidas como normas, mas sim como naturais.

Se o corpo é um produto cultural da sociedade, então as estruturas de alienação nela presentes também deixaram marcas sobre este corpo – numa sociedade em que existe a alienação do homem em relação à produção, também a relação com o corpo é alienada. De acordo com Foucault (1988), com o advento do Iluminismo e do desenvolvimento técnico-industrial, foi iniciada, desde o século XVIII, uma fase na qual a *práxis* pedagógica desenvolveu uma variedade de métodos para disciplinar o ser humano, principalmente as crianças, em função de uma produtividade mais efetiva. Esses métodos têm por objetivo o controle da atividade corporal e a submissão de suas forças pela regulação do tempo e do espaço. As necessidades corporais passam a ser reprimidas durante o tempo do trabalho e podem ser satisfeitas exclusivamente nas pausas previstas. Este princípio, imposto a duras penas durante os séculos XVIII e XIX, resulta para nós como resistência corporal, tornando-se necessário reconquistar o contato perdido.

Em nossa civilização percebemos o corpo apenas como cansaço, doença, estresse. As refeições diárias perderam o caráter comunicativo e prazeroso. A "cultura McDonald's" reduz o processo de alimentação a um mero ato de ingestão de alimentos. Na linha de produção tecnológica, a atividade do homem é reduzida a algumas ações de rotina dentro de um ritmo predeterminado. No trânsito reagimos mecanicamente a sinais, tempo, normas e ficamos submetidos ao ritmo de seu escoamento. Na escola, o tempo é fragmentado, sem que haja qualquer relação com o conteúdo e necessidades de professores e alunos. Durante a aula os corpos devem ser disciplinados.

As crianças sofrem intensamente com a falta de movimento que gradativamente elimina as necessidades naturais. As estratégias de dominação do corpo, porém, não se limitam a pedagogos. O poder sobre os corpos constitui o próprio instrumento da dominação. Aí reside a lógica que reduz o homem a uma engrenagem descartável dentro de uma máquina gigantesca. Sem essa censura corporal o mecanismo de produção na civilização moderna não funcionaria.

Nas comunidades primitivas os homens se apropriam coletivamente dos meios de produção e nesse processo se educam e educam as novas gerações. Nas sociedades antigas e na medieval surgiu uma classe ociosa, e como conseqüência desenvolveu-se um tipo de educação diferenciada, destinada aos grupos dominantes, cuja função era preencher o tempo livre de forma digna, *otium cum dignitate*. Na sua origem grega, a palavra escola equivale a lazer, tempo livre, ócio, e o ginásio era o local dos exercícios físicos, o lugar dos jogos.

Essa educação diferenciada, desenvolvida de forma sistemática por instituições específicas era, portanto, reservada à minoria, à elite. A maioria, que pelo trabalho garantia a produção da existência, continuava a ser educada de forma assistemática, pela experiência de vida, cujo centro era o trabalho.

A hipótese levantada no presente trabalho é que a educação do homem brasileiro, hoje, não pode ficar atrelada a um conceito de educação para o trabalho. A arte não pode ser excluída do conceito de produção. Ao contrário, a educação exige a ampliação desse conceito, incorporando diversidades existentes na civilização tecnológica. Citando Brecht, "produção deve ser entendida naturalmente no sentido mais amplo, visando a libertação da produtividade de todos os homens. Os produtos podem ser pão, lâmpadas, chapéus, peças musicais, partidas de xadrez, irrigação, beleza, caráter, jogos etc. etc." (Steinweg, 1972).

Estaríamos sendo assim propensos a considerar a escola como espaço para o exercício do ócio?

Contrariamente à concepção que define uma linha divisória entre seriedade e jogo, entre trabalho e prazer, entre estudo e divertimento, buscamos argumentar que contemporâneamente podemos resgatar o jogo como fator educacional. O princípio pode ser buscado desde Platão, sendo que a sugestão de transformar a educação política em uma questão de estética é defendida pelos filósofos desde a Antigüidade.

A arte constitui a chave para uma transformação efetiva da escola brasileira hoje. Se por um lado, o conceito de produtividade precisou ser ampliado, incorporando a diversidade das formas de produção e estendendo-as também às disciplinas artísticas, por outro, também a arte deve passar por um processo de democratização, o que só poderá ocorrer por intermédio da educação. De acordo com Brecht,

*17*

é uma opinião antiga e fundamental que uma obra de arte deve influenciar todas as pessoas, independentemente da idade, *status* ou educação [...] todas as pessoas podem entender e sentir prazer com uma obra de arte porque todas tem algo de artístico dentro de si [...] existem muitos artistas dispostos a não fazer arte apenas para um pequeno círculo de iniciados, que querem criar para o povo. Isso soa democrático, mas na minha opinião não é democrático. Democrático é transformar o pequeno círculo de iniciados em um grande círculo de iniciados. Pois a arte necessita de conhecimento. A observação da arte só poderá levar a um prazer verdadeiro se houver uma arte da observação. Assim como é verdade que em todo homem existe um artista, que o homem é o mais artista dentre todos os animais, também é certo que essa inclinação pode ser desenvolvida ou perecer. Subjaz à arte um saber que é saber conquistado através do trabalho (Brecht, 1967).

## 2. PINA BAUSCH: A IRMÃ MAIS JOVEM DE BRECHT

O *Tanztheater* (a dança-teatro), uma das poucas verdadeiras inovações no teatro contemporâneo, conquistou, desde os anos setenta, não apenas a cena alemã. Com Pina Bausch, Hans Kresnik, Gerhard Bohner, Susanne Linke e outros, a experimentação volta ao teatro. Pelo fascínio que exerce, a dança-teatro começa a traçar círculos mais largos. Embora não haja consenso sobre o que se entende por dança-teatro até hoje, o fenômeno pode ser caracterizado por seus produtos e procedimentos de trabalho.

No presente ensaio, pretendo analisar alguns princípios processuais da dança-teatro e relacioná-los com uma perspectiva brechtiana pós-moderna. Até hoje Brecht foi visto, dentro do contexto modernista, como um inovador com uma crença firme na função política e ideológica da arte como forma de produzir um sujeito coletivo. Cabe agora analisar se esse contexto exaure o potencial de Brecht como dramaturgo e como pensador, conforme é anunciado por aqueles modernos que consideram ter o autor atingido *a ineficácia de um clássico* (Frisch, 1972).

Com o intuito de surpreender um Brecht pós-moderno, cujos efeitos podem ser sentidos no teatro contemporâneo, embora raramente na encenação de suas próprias peças, é preciso abrir espaço para a teoria e prática da peça didática, deixando para trás a teoria das fases da obra do autor, que preconizavam o *Lehrstück* como uma fase de transição quando na realidade propõe uma nova *tipologia dramatúrgica*, com vistas a um teatro revolucionário do futuro. É preciso ainda estar de acordo com Heiner Müller... "há muitos Brechts" (Müller, 1986).

A experimentação com a peça didática reside antes em testar a constituição do sujeito na intersecção de forças sociais (históricas) e individuais (transistóricas). É esse projeto que promove o exame crítico da percepção física do gesto e de seus conteúdos, o qual qualifica a leitura do *Lehrstück* como pós-moderna.

O Brecht pós-moderno é diferente do Brecht moderno que produziu os sujeitos contraditórios das suas grandes peças clássicas, como *Galilei Galileu* ou *Mãe Coragem*, entre outras, atribuindo a cisão à natureza divisionista do capitalismo, através da sociedade de classes. No novo Brecht das peças didáticas, o modo performático substitui o modo narrativo da fábula dos textos clássicos.

Enquanto nas grandes peças clássicas de Brecht a fábula fornece sentido e significado, apesar da ruptura fornecida pelo estilo épico, nas peças didáticas o modo performático da experiência mina as referências racionais, de forma que as relações entre um papel e outro, e entre palco e platéia são polissêmicos. Teatralizar é engajar-se em uma experimentação, por meio da interação entre linguagem e experiência, para explorar o próprio sentido da representação.

Nas peças didáticas não há apelo à platéia para solucionar as contradições da obra, deliberadamente fragmentária e inconclusa. O trabalho das *peças didáticas* é com a linguagem, os papéis se constituem continuamente por meio do outro. A platéia como tal não está inscrita no texto. Ao contrário, há um movimento de afastar qualquer tipo de solicitação de percepção unificadora, coletiva, um movimento que antecipa os exemplos do teatro brechtiano pós-moderno, como a dança-teatro de Pina Bausch.

Para explicar o significado de Brecht na contemporaneidade, ele necessita ser visto relacionando-o com o trabalho de outros escritores e teóricos do teatro. Os efeitos continuados da teoria mais radical do Teatro Épico não se encontram na realização prática de suas peças ou ao menos na forma reverente com que ainda são realizadas pelos seus produtores no presente. Chegamos portanto a uma situação paradoxal de "uma recepção de Brecht sem Brecht" (Wirth, 1980). Ou seja, suas idéias mais radicais, as quais tentou desenvolver por meio da tipologia dramatúrgica da peça didática, não chegou a fertilizar sua obra principal.

Brecht tinha a esperança de que a estética do Teatro Épico fosse suficientemente revolucionária para preparar o terreno para uma dramaturgia radicalmente subversiva. O que ocorreu, conforme foi apontado por vários críticos, é que o idioma épico, centro dos movimentos de vanguarda da primeira parte do século em diante, tornou-se a linguagem universal do teatro contemporâneo, independente de suas origens ideológicas.

Hoje a enorme influência de Brecht pode ser vista no plano de uma contínua invenção formal, na maneira como seus preceitos teóricos aparecem na prática, particularmente com vistas à questão do diálogo de cena, tradicionalmente a razão de ser da forma dramática.

Na sua reconstrução da história do drama, Peter Szondi utiliza o termo *drama absoluto* para definir o drama da modernidade como aquele cujo elemento constituinte era a reprodução de relações interpessoais no palco "[...] as falas em uma peça não são nem dirigidas ao espectador nem são declarações do autor. O dramaturgo não fala, ele instaura a discussão [...] o espectador é um observador silencioso, com as mãos amarradas, paralizado pelo impacto desse outro mundo" (Szondi, 1987).

Brecht era consciente dos perigos do diálogo como instrumento para a manter visões preconcebidas. Por meio de uma variedade de técnicas, abandona o diálogo em função da narrativa, principalmente quando pretendia atingir o efeito de *estranhamento*. Em um texto a meu ver paradigmático, o poema "Sobre o Teatro Cotidiano", no qual sintetiza na forma poética o ensaio "Cena de Rua" (Brecht, 1967) diz:

E com assombro
Queiram observar algo: que este imitador
Nunca se perde em sua imitação. Ele nunca se transforma
Inteiramente no homem que imita. Sempre
Permanece o que mostra, o não envolvido, ele mesmo.
Aquele não o instrui, ele
Não partilha seus sentimentos
Nem suas concepções. Dele sabe
Bem pouco. Em sua imitação
Não surge um terceiro, dele e do outro
De ambos formado, no qual
Um coração batesse e
Um cérebro pensasse. Ali inteiro
Está o que mostra, mostrando
O estranho nosso próximo.

Brecht utiliza o diálogo de forma crítica e subversiva, mostrando que a voz daquele que fala é o efeito da intersecção de muitos códigos. As peças didáticas evidenciam que o teatro de Brecht forneceu o impulso para a dissolução do diálogo tradicional.

A teoria do Teatro Épico levou a uma forma dramática baseada em uma compreensão semiótica da prática teatral, um teatro narrativo no qual formas e gêneros teatrais tradicionais são superados. O "teatro pós-moderno e a *mise-en-scène* abandonam sua herança textual e dramatúrgica para melhor absorver a tradição da performance" (Pavis, 1986).

O trabalho de Pina Bausch tornou-se conhecido na Europa e nos EUA em 1973, quando ela assumiu a direção do *Tanztheater* em Wuppertal, uma pequena cidade no Ruhr. Pina Bausch estudou com Kurt Joos na Alemanha e com Mary Wigman nos EUA. Trabalhou nesses dois países por muitos anos, primeiro como dançarina e depois como coreógrafa, até que realizou seu mais importante trabalho com 33 anos, tornando-se diretora e coreógrafa de seu próprio *Tanztheater*, composto por 26 dançarinos representando diferentes nacionalidades. Em uma seqüência os atores-dançarinos vêm para a boca de cena gritando três itens nacionais, pelos quais os seus países podem ser identificados, em acompanhamento à *Land of Love and Glory:* "Queen! Police! Tea!; Geisha! Honda! Harakiri!; Spaghetti! Caruso! Espresso!".

Não há estrelas na companhia de Bausch, nem há partes específicas a serem interpretadas pelo ator-dançarino individual: os *dancers cum actors* são chamados a jogar a eles mesmos através da improvisação, produzindo material em torno de um foco dado. Ali onde Brecht pedia a seus atores que *mostrassem que estavam mostrando – zeigt dass ihr zeigt!*, Bausch e sua companhia trabalhavam com a emoção real, muitas vezes extrema, que nasce de corpos reais. A linguagem corporal nasce de fontes inconscientes, mas uma vez que uma seqüência tenha sido suficientemente explorada e tenha encontrado sua forma no ensaio, ela passa a ser repetida na forma estética do *Tanztheater*.

Bausch não trabalha apenas com emoções reais, ela também trabalha com o tempo real. Uma das características de suas *performances* são as muitas ações, gestos e movimentos ritualizados, repetidos em variadas velocidades.

O tema central do trabalho de Bausch é a superação da ansiedade, muitas vezes revelada na encenação dos dançarinos por medos infantis, mostrados em jogos e rituais, sendo algumas vezes todos crianças, às vezes adultos e crianças. Ela utiliza o princípio da montagem – o *link* associativo mas descontínuo de material cênico – como princípio estrutural tanto para a forma como para o conteúdo de seu trabalho. Simultaneidade e sincronicidade tornaram-se procedimentos clássicos nas *performing arts* pós-modernas. A diferença para Brecht é que os atores-dançarinos na dança-teatro mostram a si mesmos. A fissura que encenam entre corpo e papel social é experienciada e interpretada pelos seus corpos. Eles são os demonstradores de seus próprios corpos. Não é mais o corpo simbólico, como na "Cena de Rua", o modelo de Teatro Épico de Brecht. Que diferença isso faz?

A teatralidade é composta por duas partes: uma privilegia a *performance* e a outra a representação simbólica. A primeira se origina na atuação do sujeito do dançarino-ator, permitindo-lhe manifestar seus desejos; a última inscreve o sujeito do atuante em leis e códigos estéticos – expressos no plano do simbólico. A teatralidade nasce do jogo entre esses dois pólos.

Enquanto Brecht está preocupado com o sujeito inserido em seu contexto histórico, Bausch está interessada nas marcas que esse contexto produz no sujeito físico. O material essencial da nova teatralidade é movimento e gesto no espaço. O corpo torna-se o foco da *performance*.

Na medida em que Brecht procede *historicizando*, a dança-teatro mostra a marca no plano individual, tornando visível como as atitudes corporais são internalizadas pelas ansiedades. É esse mesmo processo que ocorre com a peça didática. Tanto em Pina Bausch como no jogo com a peça didática, o corpo é um corpo político, um corpo inscrito no contexto social.

Na peça didática e na dança-teatro, os modelos sociais são reduzidos, por gestos, movimentos e imagens, às suas características essenciais. De uma forma ampla, enquanto forma artística e trabalho pedagógico, ambos interessam-se pelas "relações dos homens entre os homens", de acordo com Brecht, e com "aquilo que move os homens", na dança-teatro. Os sujeitos sociais, com suas experiências pessoais e típicas, e seus problemas cotidianos, são o foco de atenção em ambos os procedimentos.

No processo artístico e pedagógico da dança-teatro, o método épico é combinado com a sensorialidade das imagens corporais, dos gestos e movimentos e seus efeitos sobre os espectadores. Dessa forma, a dança-teatro representa um Brecht pós-moderno – uma combinação entre a intelectualidade e a sensorialidade?

Se assim quisermos, o intelecto capta as emoções, age aos saltos e, abertamente, destrói qualquer unidade e auto-referencial. A montagem e o princípio gestual brechtiano são os procedimentos estéticos, artísticos e intelectuais do processo de trabalho da dança-teatro.

Em uma homenagem ao trabalho de Pina Bausch, Müller escreve – na forma de um longo fragmento lírico – que o espaço mítico que ela criou por meio de sua dança-teatro é de tal ordem que a história é mero distúrbio, "como moscas no verão fazendo bzzz... em segundo plano. Este espaço, preenchido com os procedimentos de duas gramáticas, aquela do balé clássico e do drama, é defendida pela linha de vôo da dança, que serve como proteção contra ambas as invasões" (Müller, 1986).

É o aspecto de *performático* do trabalho de Bausch o que Müller admira.

[...] há quinze anos eu vi pela primeira vez seis ou oito espetáculos de Pina Bausch e eles me impressionaram de verdade, me abalaram, mexeram comigo pois era a primeira vez que eu via esse tipo de representação na Alemanha, com uma estrutura trágica que não mais existe no teatro contemporâneo [...] eu podia chorar enquanto no teatro, sufocado pelo cenário e pela retórica, eu não conseguia [...]. Eu acho que a experiência de Pina Bausch deve ser considerada como o cubismo na pintura. Uma certa estação de lavagem, de limpeza (Müller, 1986).

Bausch e Müller revelam que a subjetividade é necessária ao ser social. Ao concentrar o foco na construção social do sujeito e reconhecendo a parte desempenhada pela subjetividade nessa construção, os pós-modernistas estão radicalizando a pergunta em torno da relação entre a estética e a política. A pós-modernidade não mostra apenas que a grande narrativa não faz mais sentido, como também aponta que a subjetividade é ainda desejável. Só assim a realidade pode ser surpreendida.

Na teoria da peça didática de Brecht, os limites entre arte e vida foram rompidos. Criando um novo espaço de utopia, essa teoria levanta a hipótese de que no futuro toda atividade estética será parte da vida – um ato político envolvendo atores que são platéia e platéias que são atores.

A tarefa de uma revisão de Brecht a partir de uma perspectiva pós-moderna foi antecipada pelo próprio autor que queria transformar a cultura de consumidores de arte em uma cultura de artistas. A vocação da tarefa é artística e pedagógica.

## 3. ANGELUS NOVUS

*Há um quadro de Klee, chamado* Angelus Novus. *Um anjo é aí representado que parece querer se afastar de algo para onde olha fixamente. Seus olhos estão escancarados, sua boca está aberta e suas asas estão desdobradas. O anjo da história deve parecer assim. Ele volta seu semblante para o passado. Ali onde uma cadeia de acontecimentos parecem estar diante de nós, ele vê apenas uma única catástrofe que amontoa incessantemente entulho sobre entulho, arremessado diante de seus pés. Ele bem que gostaria de permanecer, acordar os mortos e reunir os cacos. Mas sopra uma tempestade que vem do paraíso e que se prendeu em suas asas com tanta força que o anjo já não mais consegue dobrá-los. Essa tempestade o impele incessantemente para o futuro para o qual vira as costas, enquanto o monte de entulho cresce diante dele até o céu. Aquilo a que chamamos progresso é essa tempestade.*

W. Benjamin

Um dos mais belos textos de "Sobre o Conceito da História" (Benjamin, 1985) intitulado "Angelus Novus" – nome

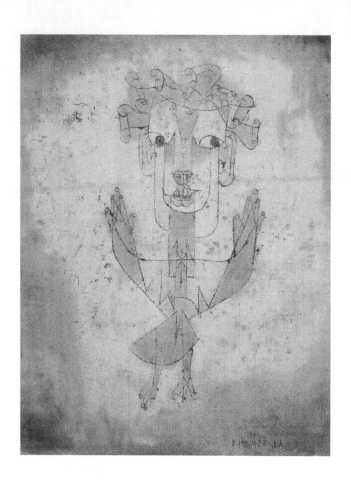

*Angelus Novus*, de Paul Klee.

tomado a uma aquarela de Paul Klee, que Benjamin comprou em 1921 e que o acompanhou até o exílio – vem sendo objeto de debate contínuo há mais de quarenta anos, transformado assim em ícone na discussão das contradições entre revolução e religião, ativismo e resignação, engajamento político e perspectiva histórica.

No roteiro de Peter Handke *Asas do Desejo*, filme dirigido por Wim Wenders, a imagem do anjo mantém a tensão inerente à noção benjaminiana da dialética como *Stillstand*, como suspensão. O veredicto absoluto, enunciado no texto, sobre o curso catastrófico da história, revela sua contemporaneidade por meio do discurso cinematográfico de Wenders e da poética de Handke.

> Os heróis da minha história são anjos. Sim, anjos. E por que não? Estamos acostumados a ver tantos monstros e criaturas imaginárias no cinema. Por que não também espíritos? Por que não anjos?
>
> Eles observam os seres humanos, especialmente aqueles de quem se sentem próximos, vêem tudo e penetram em seus segredos. Coisa inédita, um deles se apaixona, tornando-se mortal (Wenders, 1987).

> Agora eu sei
> o que nenhum anjo sabe (Wenders/Handke, 1987).

Os anjos, mensageiros da felicidade, personagens da teologia aparecem evasivos e insistentes na obra de Benjamin. No programa da revista *Angelus Novus* (que não chegou a ser publicada), Benjamin cita os anjos efêmeros. "Pois os anjos – novos a cada instante em inúmeras multidões – são segundo uma lenda talmúdica, criados para desaparecer no nada depois de cantarem seu hino diante de Deus."

*Angelus Novus* é um *Andachtsbild* (alegoria visual), que oferece uma imagem para meditação. Essa imagem aponta para as contradições que enfrentamos na passagem do milênio e para o curto-circuito político e conceitual da pós-modernidade.

Perseguir o conceito de história benjaminiano em Heiner Müller nos permite identificar, diante do largo espectro de influências que essa obra sofreu, entre as quais é preciso invocar Nietzsche, Bataille, Foucault, Baudrillard, Rimbaud, Artaud e *last but not least* Shakespeare, uma trilha que permite um confronto produtivo. Essa trilha, que passa necessariamente por Brecht, promove um fundamento teórico para trabalhar produtivamente com a literatura e o teatro.

Na pós-modernidade, a capacidade para pensar continua existindo. A realidade, porém, tornou-se de tal forma complexa, que o pensamento não mais encontra seu *topos*, já não mais discrimina entre relações relevantes e querelas de aparência. Essa falta de orientação causa medo. Devido ao medo recorre-se a simplificações "[...] nesse desamparo do pensamento reside também a chance de chegar a algo diferente – ao elo entre arte e filosofia que não pode mais ser desfeito [...] agora se torna possível reunir aquilo que o iluminismo separou com tanto cuidado" (Müller, 1986).

Até a década de sessenta quase não se tomou conhecimento de Heiner Müller na então Alemanha Ocidental. Somente quando seus textos para teatro foram recebidos equivocadamente como previsão da derrocada do Comunismo na antiga RDA, cresceu a aceitação do autor. Ainda no final da década de setenta, Müller era tido como por demais radical, impiedoso, elitista. Em 1974 iniciou-se a edição da sua obra no *Rothbuch-Verlag* que hoje conta com onze volumes. Na década de oitenta, Müller torna-se rapidamente um autor *cult* no contexto da vanguarda literária pós-moderna. O auge ocorreu na *Experimenta*, em Frankfurt, em 1990, dedicada totalmente a Heiner Müller, e que apresentou para uma platéia internacional, por volta de dois terços de suas peças.

*Quarteto* foi a primeira encenação brasileira, com direção de Gerald Thomas em 1986. Na inesquecível atuação de Marilena Ansaldi, *Hamletmaschine* (1987), é um marco na carreira de Márcio Aurélio, que viria a dirigir outros textos de Müller, entre os quais *A Missão* (1989) e *Eras* (1990), – trilogia que reuniu *Filoctetes, Mauser* e *O Horácio* com atuação de Celso Frateschi, que posteriormente encenou a tradução que fiz de *O Horácio*, como monólogo.

Na área da literatura, *Teatro de Heiner Müller*, de Ruth Röhl (1997), estabelece a discussão da pós-modernidade como estágio contemporâneo da modernidade. Há uma unanimidade entre os estudiosos do teatro quanto às marcas que definem a encenação teatral pós-moderna. Descontinuidade, intertextualidade, pluralidade, valorização do receptor, descontextualização, fragmentação, montagem, carnavalização, pluralismo e performance são termos recorrentes. De acordo com Röhl, deve-se descartar a possibilidade de uma inovação radical em termos de categorias estéticas. A pós-modernidade lida com a reconstrução de material já existente.

A teoria e a prática da peça didática, que deve ser inserida nesse contexto de pesquisa, trouxeram também uma contribuição para a pedagogia do teatro. O *Lehrstück*, categoria dramatúrgica criada por Brecht, e o *fragmento sintético* de Müller são trabalhados como *Handlungsmuster*, modelo de ação (modelo enquanto texto poético que promove o jogo cênico) a partir do método de jogos teatrais (Koudela, 1996).

Já há muito a obra de Heiner Müller é objeto de análises e pesquisas além do âmbito alemão e europeu. Paralelamente à encenação e tradução da dramaturgia de Müller, desenvolve-se uma vasta produção de pesquisa teórica por meio de colóquios, ensaios, dissertações e monografias publicadas tanto na Itália e Bélgica como no Brasil e Japão.

O sucesso, visível pelo número de encenações, resenhas e entrevistas é – como o próprio Müller reconhece – contraditório diante do efeito de seus textos, que colocam em questão o teatro e a literatura. A capacidade de resistência dos textos de Müller são provocativos a ponto de destruir a pose do autor da moda. A moda Heiner Müller está cedendo, o que não é tão mal assim.

Uma das questões de que me ocupo no presente ensaio é a função da narração/narrativa. Essa tarefa é dada ao poeta e ao historiador, já na aurora do pensamento grego. Aquiles prefere a morte gloriosa – aquela que as gerações futuras recordarão – à vida que não será lembrada, sinônimo de morte.

Heródoto, personagem central do ensaio "O Narrador" (Benjamin, 1985) é o autor de *historiai* no sentido primeiro. Sua história repousa sobre a prática da coleta de informações, de separação e de exposição, mais aparentada ao colecionador do que ao historiador no sentido moderno, que estabelece relações causais entre acontecimentos do passado. Os objetos dessa coleta não são submetidos de antemão aos imperativos de um encadeamento lógico exterior. Eles são antes apresentados na sua unicidade e excentricidade.

*31*

Benjamin cria uma posição contrária ao historicismo positivista. Este concebe o tempo histórico de acordo com o modelo do tempo físico e deduz daí um princípio de causalidade, ao qual está ligada a ideologia do progresso. Benjamin entende a história não como um acontecimento a ser reconstruído, mas como produto de uma atividade heurística que independe do próprio ponto de vista espaço-temporal historiográfico. Em "Sobre o Conceito da História", propõe a explosão do *continuum*. O aqui/agora é a pólvora, o presente representa o ponto de fuga de uma construção cujo objeto é o passado.

Tarefa do historiador é "escovar a história a contrapelo, demonstrar que não existe um documento de cultura que não seja, ao mesmo tempo, um documento de barbárie" (Benjamin, 1985). Escrever história exige a aquisição de uma memória que não consta dos livros de história oficial. É por esse motivo que a filosofia da história inclui uma teoria da memória como *Erfahrung* (experiência) em oposição a *Erlebnis* (vivência).

Diga-me, musa,
como o pobre cantador
se transformou de anjo da narrativa
em tocador de realejo ridículo e desprezado (Wenders/Handke, 1987).

Digam, quem são as mulheres, os homens, as crianças que irão me procurar... a mim, o contador de histórias. Eles precisarão de mim mais do que tudo no mundo (*Idem*).

O historiador não pretende uma *descrição do passado tal como ele ocorreu de fato*, mas fazer emergir as esperanças não realizadas, inscrevendo-as em nosso presente como apelo por um futuro diferente.

Na primeira das teses "Sobre o Conceito da História" (Benjamin, 1985), o autor explicita a relação entre teologia e marxismo por meio de uma metáfora.

É conhecida a história do autômato construído para responder a cada lance de seu parceiro de xadrez com um contralance, que lhe assegurava a vitória. Um fantoche vestido à turca, com um narguilé na boca, sentava-se diante do tabuleiro, colocado sobre uma grande mesa. Um sistema de espelhos criava a ilusão de que a mesa era totalmente visível, em todos os seus pormenores. Na realidade, um anão corcunda, um mestre de xadrez, escondia-se embaixo dela, dirigindo com cordéis a mão do fantoche. Podemos imaginar uma contrapartida filosófica desse mecanismo. O fantoche chamado materialismo histórico será sempre vencedor. Ele pode enfrentar qualquer desafio, desde que tome a seu serviço a teologia. Hoje, reconhecidamente pequena e feia, não ousa mostrar-se.

A tematização do elo entre teologia e marxismo é comentada por Gagnebin (1982) que *arrisca uma interpretação possível* ao afirmar que a teoria marxista será vitoriosa quando souber fazer a síntese com a reflexão teológica. Nesse sentido, a mística judaica nos ensina – independentemente de crermos ou não no conteúdo da fé judaica – que o passado deve ser resgatado.

> Sabe-se que era proibido aos judeus investigar o futuro. Ao contrário, a Torá e a prece são ensinadas através da rememoração. Para os discípulos, a rememoração desencantava o futuro, ao qual sucumbiam os que interrogavam os adivinhos. Mas nem por isso o futuro foi convertido para os judeus num tempo homogêneo e vazio. Ao contrário, a cada segundo o Messias podia penetrar através de sua porta estreita (Benjamin, 1985).

O interesse crescente de Benjamin pela obra de Brecht, em particular pelo *Lehrstück*, sobre o qual escreveu um ensaio crítico considerado hoje como um dos poucos escritos na época que fizeram justiça ao projeto brechtiano (Benjamin, 1985), deve ser atribuído à ruptura com a falsa totalidade estética ou com o "velho teatro da identificação", como diria Brecht.

O gesto crítico da *Historisierung* (historicização) do Teatro Épico/Dialético constitui uma intervenção eficaz, até brutal, que interrompe a história da história. Essa intervenção não significa no entanto a oferta apressada de uma narrativa substituta. O conhecimento do passado não é um fim em si. Ao contrário, a interrupção da história visa inscrever nessa narrativa silêncios e fraturas eficazes por meio da *Verfremdung* (estranhamento) dos acontecimentos do passado.

Assim como Benjamin entende a relação com o passado como uma atualização de seu potencial para a experiência do presente, Müller realiza essa forma de lidar com o passado como princípio poético.

*33*

Entre cidade e cidade
Depois do muro o abismo
Vento nos ombros
A mão estranha na carne solitária
O anjo, eu ainda o ouço
Mas ele não tem mais rosto
Além do seu que não conheço (Müller, 1992).

A urgência da memória é radicalizada no teatro de Müller, para quem o passado individual e coletivo precisa, mais do que nunca, ser invocado. "É preciso aceitar a presença dos mortos como parceiros de diálogo ou como destruidores – somente o diálogo com os mortos engendra o futuro" (Müller, 1986). O "diálogo com os mortos" se faz como uma via de mão dupla, na medida em que, participante da história da recepção da literatura, os poetas e os textos convivem também com a posteridade. "Uma função do dramaturgo é a evocação dos mortos – o diálogo com os mortos não deve se romper até que eles tornem conhecida a parcela de futuro que está enterrada com eles" (Müller, 1986).

Müller não parte de uma idéia no seu impulso criativo.seu processo de criação não é intelectual; pelo contrário, é a experiência corporal trazida para a consciência, o material constitutivo dessa escritura. A memória corporal é um fundamento da *práxis* literária e teatral de Müller, como forma de resistência contra a ocupação da consciência pela mídia "[...] no futuro serão apenas pequenos grupos a conquistar uma qualidade estética e política em seu trabalho. Ilhas de desordem na nossa ordem social capitalista" (Müller, 1992).

Nenhuma literatura é tão rica em fragmentos como a alemã, fenômeno que Müller atribui ao caráter fragmentário da história germânica e à conseqüente ruptura da relação literatura/teatro/público.

O fragmento torna-se produtor de conteúdos, abrindo-se à subjetividade do receptor, correspondendo ao que Müller chama de "espaços livres para a fantasia", em sua opinião, uma tarefa primariamente política, uma vez que age contra clichês pré-fabricados e padrões produzidos pela mídia.

Um exemplo é o anjo *kitsch* contemporâneo, tal como o vemos reproduzido nas revistas de moda. O sujeito da consu-

34

mação do corpo não é o *ego* ou o inconsciente, mas, o Você, o *you* da publicidade. Esse *you* é simulação da segunda pessoa; é o fantasma que aparece no espelho do simulacro. Para Baudrillard (1996) o princípio de realidade é absorvido pela hiper-realidade do código da simulação. Em detrimento da troca simbólica, somos gerados por modelos produzidos pela mídia, desaparecendo as finalidades. Já não há ideologia; há apenas simulacro.

Por meio do fragmento, Heiner Müller provoca a colisão instantânea de tempos heterogêneos, possibilitando a revisão crítica do presente à luz do passado. A fragmentação de um acontecimento acentua seu caráter de processo, impede o desaparecimento da produção no produto, o mercadejamento.

Como *bricoleur* da literatura, que cria a partir dos materiais colecionados um *Synthetisches Fragment* (fragmento sintético), a ruptura com a história é acompanhada, na estética mülleriana, do rompimento com a forma dramática. "Não acredito que uma história que tenha pé e cabeça (a fábula no sentido clássico) ainda seja fiel à realidade" (Müller, 1975). O fragmento sintético aponta por um lado para o anacronismo da história e por outro para o rompimento com a teleologia da história. Müller não procede a uma simples colagem. No interior do nível sintagmático há *bricolage* literária. Como colecionador de citados, Müller monta, dos cacos da história, a literatura do fragmento sintético. O fragmento sintético abre caminho para um novo discurso que encontra o seu *topos* ao destruir o sentido de totalidade, provocando feridas nos textos.

Müller atribui uma grande importância à metáfora em sua estética. Falou em inúmeros colóquios e entrevistas da superioridade da *metáfora que é mais inteligente que o autor*. Ele utiliza a metáfora como frase disruptiva e fator de ruído. Ao mesmo tempo, metáfora e citação são responsáveis pela *expropriação da autoria*.

A montagem, emprestada às técnicas cinematográficas (corte, *zoom*, *play-back*) eleva o anacronismo e a descontinuidade à categoria de princípios estruturais dos textos. O alvo é o *espanto* e o *choque* (Benjamin) por meio do qual Müller pretende evitar deliberadamente que o receptor assuma uma

*35*

atitude de identificação com o texto. *O espanto como a primeira aparição do novo*.

A famosa máxima de Müller: "Usar Brecht sem criticá-lo é traição", resulta de um longo confronto com a sua teoria e prática. Müller deteve-se na obra do *Stückeschreiber* (escrivinhador de peças), depois da qual *muitas coisas não são mais possíveis ou só são possíveis diferentemente*. Após uma tentativa de levar adiante o fragmento *Reisen des Glücksgotts* (*Viagens do Deus da Felicidade*) (Brecht, 1967), dirá mais tarde que essa empreitada significou para ele "uma iluminação sobre a mudança de função da literatura num período de transição" (Müller, 1992).

Müller tem uma experiência igualmente fecunda para a sua criação por meio do *Lehrstück*, em especial com o fragmento *Fatzer*, do qual escreveu uma versão, *Untergang des Egoisten Johann Fatzer* (Decadência do Egoísta Johann Fatzer), um texto de Brecht que assume atualidade de valor singular na pós-modernidade.

Se o espectador do *Episches Schaustück* (peça épica de espetáculo), ainda desempenhava o papel de co-fabulador, o receptor na obra de Müller é co-produtor de um teatro que o convida a participar de um *laboratório de fantasia social*.

É preciso ressaltar o caráter revolucionário do *Lehrstück* que se realiza no limiar da esfera da autonomia estética. No *Kollektiver Kunstakt* (no ato artístico coletivo), que Brecht propõe como forma de encenação para a peça didática o receptor/leitor passa a ser ator/autor do texto. Deixa de existir a relação tradicional entre palco e platéia, ou entre atuantes e observadores, na medida em que todos são também observadores de seus próprios atos.

O processo do aprendizado em Brecht e Müller tematiza a própria temporalidade histórica. Como *Theater der Zukunft* (teatro do futuro), a dramaturgia da peça didática é a temporalidade futura de toda obra de arte. No fragmento *Fatzer* (Brecht, 1967) podemos ler:

[...] assim como antigamente fantasmas vinham do passado
agora eles vêm também do futuro
feitos da matéria de seu próprio espírito

sobretudo do seu medo. O medo sempre
anuncia o que virá. O espírito do homem de massa.

E Müller acrescenta:

[...] os fantasmas não ameaçam apenas surgir do passado
mas como motoristas loucos pela via expressa do futuro (Müller, 1986).

Na confrontação com o ensinamento brechtiano e o
patrimônio teórico de Benjamin, Müller atinge uma síntese
entre o *Einverständnis* (estar de acordo) brechtiano cuja utopia é uma sociedade socialista e o conceito de revolução
benjaminiano, no qual a iluminação se dá por uma ação re-
pentina, redentora. No texto "O Anjo Infeliz" (Müller, 1975),
esse novo olhar sobre a história se faz presente:

Atrás dele aborda o passado, esparramando pedregulho sobre asas e
ombros, com um barulho como de tambores enterrados, enquanto diante dele
o futuro está represado, afunda os olhos, dinamita os glóbulos como uma es-
trela, torce a palavra como uma mordaça, asfixia com sua respiração. Durante algum tempo ainda se vê o bater de asas, se ouve o ronco das pedreiras
caindo sobre atrás dele, tanto mais alto quanto o movimento vão fica isolado
ao tornar-se lento. Então aquele momento fecha-se sobre ele; sobre o lugar
rapidamente entulhado o anjo infeliz encontra paz, esperando pela história na
petrificação do vôo olhar respiração, até que um renovado rufar de poderoso
bater de asas se propague em ondas através da pedra e anuncie o seu vôo.

Mais do que a conservação piedosa do passado e das
obras, mais do que a sua preservação, o "renovado rufar de
poderoso bater de asas do anjo infeliz" aguarda ainda a *Erlö-
sung* (redenção) que Benjamin sempre definiu por meio de
uma reflexão teológica e mesmo anárquica.

Se a redenção benjaminiana ainda pertence ao Messias,
se "o passado traz consigo um índice misterioso que o impele
à redenção, se alguém na terra está à nossa espera, se somente
para a humanidade redimida o passado é citável em cada um
dos seus momentos, se esse dia é o dia do juízo final" (Benjamin, 1985), o anúncio do novo vôo do anjo mülleriano é uma
cesura última que faz a derradeira doação ao tempo. O anjo
petrificado de Müller põe fim à história e às obras. Ele é ani-
quilado e consumido. Sua breve cintilação é uma relação com
a morte.

Müller situa o Terceiro Mundo como um estado em suspenso. "E história é agora a história do Terceiro Mundo com todos os problemas de fome e superpopulação". De um lado, objeto de colonização, exploração e refugo, de outro, lugar de caos e desordem, o terceiro mundo é visto por ele como fermento do novo – ilhas de desordem, espécie de tumores benignos na medida em que, forçando o convívio com camadas diversificadas de história, de cultura, preparam o solo para a mudança.

A poética de Heiner Müller nos permite fazer o transporte para Brecht e Benjamin, por uma releitura pós-moderna. Discípulo de Brecht, Müller revela a espantosa contemporaneidade do Teatro Épico/Dialético, especialmente pela atualização do *Lehrstück*, da peça didática.

# 4. ATO ARTÍSTICO COLETIVO

*Aos parceiros de jogo Andrea Egydio,
Arão Paranaguá, Celso Solha, Emanuel de
Araújo, Jorge Didaco, Mauro Rodrigues,
Marco Aurélio Pais, Ulisses Ferraz*

Entre as recomendações para Teatro, nos PCN-Arte
(1998), podemos ler:

> É sempre desejável que haja uma integração entre a produção e a apreciação artística. O importante a ser ressaltado é que toda prática de teatro deve ter como base a observação, a pesquisa e o entendimento de que os textos dramáticos, as formas de representação e as formas cênicas têm tradições inseridas em diversas épocas e culturas que podem ser objeto de estudo e transformação no contexto presente do aluno.

A questão da integração entre a produção e a apreciação artística, se vista a partir da óptica brechtiana, levanta novas/velhas questões, a meu ver altamente produtivas para a prática do teatro na sala de aula. Entre essas questões, eu gostaria de me deter na tipologia dramatúrgica da peça didática e no conceito de *Kollektiver Kunstakt* (ato artístico coletivo) pois acredito que essas sugestões podem exercer uma transformação produtiva na prática pedagógica com o teatro.

De acordo com Brecht, enquanto o palco privilegiado do *Episches Schaustück* (peça épica de espetáculo) é o *Schauspielhaus* (casa de espetáculo, casa onde se mostra o jogo), a peça didática busca palcos alternativos. O ato artístico coletivo busca romper a atitude passiva do espectador, do consumidor de arte. A realização do espetáculo fica condicionada à participação do espectador no ato teatral. "Eu considero necessária, para a realização do ato artístico, a intervenção ativa do receptor na obra de arte". (Brecht, in Koudela, 1991).

Nas demonstrações públicas com a peça didática, Brecht não está preocupado com o espetáculo teatral, com a comunicação entre palco e platéia. "A peça didática ensina quando nela atuamos. Em princípio não há necessidade de platéia, embora ela possa ser utilizada" (Brecht, in Koudela, 1991).

A teoria pura da peça didática não mais existe – e certamente nunca existiu. É a possibilidade de ir além do plano meramente intelectual e buscar a percepção sensório-corporal para provocar o processo de *estranhamento* de gestos e atitudes corporais o que torna a proposta pedagógica brechtiana singular. Na perspectiva de um dos maiores encenadores de Brecht no Brasil, José Celso Martinez Correia, em um depoimento para a *Folha de S. Paulo*:

Na pequena brecha antes do primeiro fim (antes da Segunda Guerra), Brecht criou uma antítese teatral para deter o que vinha vindo – o *merchandising*, a arte como mídia. Trouxe a tecnologia dos ritos taoístas de sacação social dialética para as suas peças chamadas de didáticas, *softwares* sofisticadíssimos de educação social. A peça didática entrou na máquina de produção cultural que os corais operários comunistas desencadearam num último *round* de guerra social. Mas disso ficou um eco de teatro doutrinário. Essas peças não são isso. São obras de arte. São como os mistérios dos jesuítas, ou rituais de feitura de nova cabeça no candomblé, que se fazem para sacar nossos papéis no jogo social. Ritos austeros, produzidores de estalos dialéticos, não somente comunistas mas metáforas da sacação coletiva do tempo. Essas peças sempre foram horrivelmente mal representadas como teatro político. Como teve que fazer as malas, Brecht trabalhou muito pouco com elas. Essas peças, inspiradas em ritos de teatro Nô chinês, são programas teatralizados de aprendizagem que o Ministério da Educação de Paulo Renato deve aplicar à Educação como Villa Lobos fez com os corais [...] para a educação da juventude no teatro. No teatro de viver ...

A peça didática é uma dramaturgia dirigida a jovens, tendo como subtítulos, por exemplo *Peça de Dialética para Crianças*; *Os Horácios e os Curiácios ou Ópera Escolar*; *Aquele que Diz Sim/ Aquele que Diz Não*.

A estrutura esquemática dessa tipologia dramatúrgica promove a inserção de conteúdo próprio pelo receptor que é autor/ator da peça didática. De acordo com Brecht "[...] justamente a forma mais árida, a peça didática, provoca os efeitos mais emocionais e [...] quando eu não sabia mais o que fazer com a identificação no teatro, nem com a melhor boa vontade, inventei a peça didática" (Koudela, 1991).

De acordo com Benjamin (1981), a partir do conceito de *Theaterspiel* (jogo teatral) talvez seja possível a mais singela aproximação do teatro épico. O exame do jogo teatral em Brecht levanta ao mesmo tempo novos questionamentos. O jogo teatral pode atingir objetivos de aprendizagem específicos, que são próprios ao teatro e só podem ser aprendidos por esta linguagem?

Para o teatro amador contemporâneo (dos trabalhadores, estudantes e crianças) a libertação da obrigação de exercer a hipnose se faz sentir de forma especialmente positiva. Torna-se possível estabelecer fronteiras entre o jogo do amador e do ator profissional, sem abandonar funções básicas do teatro (Brecht, 1967).

O teatro, como uma forma distinta de manifestação pública, tem um *Gestus* próprio, que pode ser declarado (ou camuflado) por meio da confissão do teatro como teatro. Os campos hipnóticos do velho teatro de ilusões sugerem que, ao abrir-se a cortina, aparecerá um mundo real de ações e paixões.

A capacidade de transformação completa é tida como uma característica do talento do ator, se falhar, tudo estará perdido. Ela falha quando crianças brincam de teatro e com atores leigos. Algo de artificial estará presente no seu jogo. A diferença entre teatro e realidade aparece de forma dolorosa (Brecht, 1967).

A natureza do *Gestus* é dialética, justamente pelo fato de ser simultaneamente símbolo e ação física. É o que lhe confe-

*41*

re o status de *Gestische Sprache* (linguagem gestual) de acordo com Brecht.

No poema "Teatro Sobre o Cotidiano" (Brecht, 1986), o autor descreve como esse processo de pensamento se organiza. No ensaio "Cena de Rua" (Brecht, 1967), tira as conseqüências do teatro do cotidiano para as formas de procedimento e a estética do teatro épico. A cena de rua é eleita por Brecht como modelo de uma cena de teatro épico.

O teatro passa a ser o espaço do filósofo (no sentido de Brecht) que reflete sobre os processos históricos para exercer uma ação sobre eles. O conceito de *Gestus* exerce justamente neste ponto nevrálgico, ou neste campo de tensão entre os estados estéticos e históricos, a sua importância primordial. Tarefa do trabalho pedagógico, na dicção de Brecht, é ter em mira o concreto e o abstrato, na forma do gesto, que deverá ser operacionalizado (tornado físico).

Spolin (1979) estabelece originalmente uma diferença entre *dramatic play* (jogo dramático) e *game* (jogo de regras). O termo *Theater Games* é originalmente cunhado por Spolin em língua inglesa (mais tarde a autora viria a registrar seu trabalho como *Spolin Games*). Do ponto de vista teórico, a diferença mais importante reside na relação com o corpo. O puro fantasiar (*dramatic play*) é substituído, no processo de aprendizagem com o jogo teatral, por meio de uma representação corporal consciente. De acordo com Spolin, o princípio da *physicalization* (fisicização) busca evitar uma imitação irrefletida, mera cópia. A origem desse princípio remonta a Stanislávski (1972), que passou os últimos anos de sua vida desenvolvendo a teoria das ações físicas. O princípio das ações físicas era considerado por Brecht como a maior contribuição de Stanislávski para um novo teatro. De acordo com Benjamin (1981), a partir do conceito de *Theaterspiel* (jogo teatral), talvez seja possível a mais singela aproximação do teatro épico. O termo alemão *Theaterspiel*, utilizado por Benjamin e Brecht incorpora o jogo espontâneo. Ao mesmo tempo, o estranhamento provocado pelo ato de jogar nasce na interação.

Na psicogênese da linguagem e do jogo na criança a função simbólica ou semiótica (Piaget, 1982) aparece por volta dos dois anos e promove uma série de comportamentos que denotam o desenvolvimento da linguagem e da representação. Piaget enumera cinco condutas, de aparecimento mais ou menos simultâneo e que enumera na ordem de complexidade crescente: imitação diferida, jogo simbólico ou jogo de ficção, desenho ou imagem gráfica, imagem mental e evocação verbal (língua).

A evolução do jogo na criança se dá por fases que constituem estruturas do desenvolvimento da inteligência: jogo sensório-motor, jogo simbólico e jogo de regras (Piaget, 1975). O jogo de regras aparece por volta dos sete/oito anos como estrutura de organização do coletivo e se desenvolve até a idade adulta nos jogos de rua, jogos tradicionais, folguedos populares, danças dramáticas.

O jogo de regras favorece a aprendizagem da *co-operação*, no sentido piagetiano. Na teoria biológica de Piaget, o processo de equilibração é promovido pela relação dialética entre a assimilação da realidade ao Eu e a acomodação do Eu ao real. Com foco na psicologia do desenvolvimento, é importante notar que a relação dialética entre assimilação e acomodação não se dá de forma harmônica no desenvolvimento da criança. Na primeira infância prevalece a assimilação da realidade ao eu, determinada pela atitude centrada em si mesma da criança até os seis/sete anos de idade. O jogo de regras supõe o desenvolvimento da inteligência operatória, quando a criança desenvolve a reversibilidade de pensamento. O amplo repertório dos jogos tradicionais populares sempre foram instrumentos de aprendizagem privilegiados da infância. As brincadeiras de rua como as amarelinhas, os jogos com bolinhas de gude, as cantigas de roda, os pegadores, os esconde-esconde, as charadas e adivinhas foram documentadas por Brueghel (1525-1569).

A expressividade da criança é uma manifestação sensível da inteligência simbólica egocêntrica. Pela *revolução coperniciana* (Piaget, 1975) que se opera no sujeito ao passar de uma concepção de mundo egocêntrica para uma concepção descentrada do Eu, as operações concretas iniciam o processo de reversibilidade do pensamento. Esse princípio irá operar uma transformação interna na noção de símbolo na crian-

Recorte de *Children's Plays*, Peter Brueghel.

ça. Integrada ao pensamento, a assimilação egocêntrica do jogo simbólico cede lugar à imaginação criadora.

Por uma correlação com a conceituação piagetiana, a maior contribuição de Vigotski (1984) reside no favorecimento de processos que estão embrionariamente presentes, mas que ainda não se consolidaram. A "zona de desenvolvimento proximal é estimulada através dos jogos simbólicos, dos jogos de regras e dos jogos de construção".

Nessa perspectiva, o jogo teatral é um jogo de construção, no qual a consciência do "faz-de-conta" é gradativamente trabalhada, em direção à articulação de uma linguagem artística – o teatro.

A intervenção educacional do coordenador de jogo é fundamental, ao desafiar o processo de aprendizagem de reconstrução de significados. A zona de desenvolvimento proximal muda radicalmente o conceito de avaliação. As propostas de avaliação do coordenador de jogo deixam de ser retrospectivas (o que o aluno é capaz de realizar por si só) para se transformarem em prospectivas (o que o aluno poderá vir a ser). A avaliação passa a ser propulsora do processo de aprendizagem.

O conceito de zona de desenvolvimento proximal, como princípio de avaliação, promove, com particular felicidade, a construção das formas artísticas. No jogo teatral, pelo processo de construção da forma estética, a criança estabelece com seus pares uma relação de trabalho em que a fonte da imaginação criadora – o jogo simbólico – é combinado com a prática e a consciência da regra de jogo, a qual interfere no exercício artístico coletivo. O jogo teatral passa necessariamente pelo estabelecimento do acordo de grupo, por meio de regras livremente consentidas entre os parceiros. O jogo teatral é um jogo de construção com a linguagem artística. Na prática com o jogo teatral, o jogo de regras é princípio organizador do grupo de jogadores para a atividade teatral. O trabalho com a linguagem desempenha a função de construção de conteúdos, por intermédio da forma estética.

Na escola, quase sempre o ensino do texto, entendido ainda como leitura e escrita apenas, é mal engendrado. Os traumas causados por um processo de alfabetização mal conduzido ressoam dolorosamente nas aulas de teatro. Textos são recitados monocordicamente por alunos se não houver uma reorientação metodológica que nasce pelo e no teatro. A criança brinca, dramatiza com situações e diálogos. Nas brincadeiras de roda o texto é introduzido com leveza. Uma alfabetização assassina pode truncar essa relação espontânea com a fala. Considerando a fala como primeiro texto, é nos jogos simbólicos da primeira infância que nasce o texto. Esse fio condutor pode ser retomado nas aulas de teatro pelos jogos teatrais, nos quais o exercício espontâneo com a fala promove processos de co-operação que nascem no plano sensório-corporal.

A estrutura dramatúrgica dos textos das peças didáticas permite que elas sejam cortadas com a tesoura. O caráter épico dessa dramaturgia propõe fragmentação e a quebra de linearidade, por meio do discurso dialético, o que permite o recorte do texto e o trabalho com pequenas unidades. Às vezes, o texto dramático pode ser constituído de algumas linhas.

Na abordagem que venho desenvolvendo, através do jogo teatral com a peça didática, a tematização do texto se inicia no plano sensório-corporal, por meio do exercício de jogos de regras e da experimentação de gestos e atitudes no jogo teatral. A relação entre jogo teatral (parte móvel, improvisação) e o texto (parte fixa) promove o processo semiótico da construção de significados por intermédio da linguagem gestual.

A potencialidade crítica do exercício com a linguagem gestual nasce do modelo de ação (texto da peça didática) e da observação do cotidiano dos jogadores. O gesto tem um início, um meio e um fim passíveis de serem fixados. O gesto pode ser imitado (representado) e reconstruído (repetido). Ele pode ser armazenado na memória.

O escrivinhador de peças propõe dois instrumentos didáticos: o modelo de ação e o estranhamento. Ao mesmo tempo em que o modelo de ação é objeto de imitação crítica, ele se constitui enquanto princípio unificador do processo pedagógico, o que propicia liberdade e diversidade de respostas, por meio da historicização, ou seja, da contextualização do modelo. O escrivinhador de peças propõe a investigação das relações dos homens entre os homens, sendo que justamente aquilo que é cotidiano, usual, deve ser tratado como histórico "[...] estranhar significa pois, historicizar, representar processos e pessoas como históricos, portanto transitórios. O mesmo pode acontecer com contemporâneos. Também as suas atitudes podem ser representadas como temporais, históricas, transitórias" (Brecht, in Koudela, 1991).

Representações de acontecimentos passados são tornadas conscientes enquanto tais: elas são temporais e transitórias. Ao serem assim mostradas, as relações dos homens entre os homens passam a ser mutáveis, passíveis de serem modificadas. Assim como aquilo que ocorreu no passado pode ser mostrado como transitório, também o presente pode ser historicizado. Isso faz com que o espectador se distancie do seu tempo e o veja com o olhar da geração futura.

Os instrumentos didáticos propostos por Brecht – modelo de ação e estranhamento – têm por objetivo a educação estético-política. A peça didática não é uma cópia da realidade, mas sim, um quadro ou recorte, no sentido de representar uma metáfora da realidade social. Em oposição aos dramas históricos, as peças didáticas se passam em lugares distantes – China, Roma etc.

O caráter estético do experimento com a peça didática é um pressuposto para os objetivos de aprendizagem/ensino. Resultam daí as conseqüências para a forma de atuação. Em oposição a um processo de identificação e/ou redução do texto da peça didática ao plano da experiência (o que poderia ser provocado por um processo de simples *role-playing* – desempenho de papéis), o objetivo da aprendizagem/ensino é unir a descrição da vida cotidiana à evocação da história, sem reduzir uma à outra, mas sim, com vistas ao reconhecimento de características que são típicas e que podem ser identificadas em um determinado contexto. O estranhamento, entendido como procedimento didático-pedagógico, visa possibilitar, pelos meios do jogo teatral, o conhecimento veiculado pela forma estética, que está prefigurada no modelo de ação (texto poético).

## A *Prática da Teoria*

### *Protocolos do experimento com o ato artístico coletivo*

Na prática de minha pesquisa atual, o modelo teórico do ato artístico coletivo foi viabilizado por meio de dois níveis ou núcleos complementares:

Núcleo 1 – grupo de pesquisa: orientandos e alunos do Curso de Pós-graduação em Artes da ECA/USP.

Núcleo 2 – grupo de formação: alunos de Graduação em Artes Cênicas e participantes do Laboratório de Teatro-Educação do Departamento de Artes Cênicas da ECA/USP.

Em meu experimento, o Núcleo 1 desenvolveu a pesquisa em encontros semanais, às quartas-feiras, das 14:00 às 17:00 horas, durante o segundo semestre de 1998 e o primeiro semestre de 1999.

O Núcleo 2 foi reunido em um encontro, no domingo de 29 de junho de 1998, das 10:00 às 12:00 horas.

Durante a prática do modelo, evidenciou-se uma outra variante de encenação do processo pedagógico além do ato artístico coletivo, que foi a aula aberta.

Na aula aberta, cuja estrutura sistematizamos no nosso sexto encontro com o Núcleo 1, realizado no Museu de Arte Moderna de São Paulo (MAM), os jogadores/professores fizeram uma demonstração da aprendizagem. Enquanto que o ato artístico coletivo enfatiza o caráter performático dos atores/jogadores, na aula aberta os jogadores/professores demonstram para uma platéia a aprendizagem dialética do jogo teatral com o texto da peça didática. Relatamos inicialmente a seqüência de procedimentos utilizados durante o experimento com a aula aberta.

O pequeno auditório do MAM nos ofereceu uma experiência de trabalho com o *Lehrstück* sem dúvida esclarecedor, dado o caráter singelo daquele espaço. O convite, vindo da Escola de Belas Artes de São Paulo trouxe o público – uma platéia composta de aproximadamente oitenta professores de nível

Aula aberta, Museu de Arte Moderna de São Paulo (MAM).

superior, que atuavam em diferentes áreas como Design, Arquitetura, Artes Plásticas e até um professor de Artes Cênicas, que dá aula no Curso de Licenciatura em Educação Artística daquela escola.

Fiquei logo apaixonada pelo espaço. De auditório transformou-se rapidamente em teatro. Mesas e cadeiras para conferência foram logo retiradas do pequeno palco de madeira. Vazio, comportava precisamente os seis atores do grupo. Essa investigação do espaço cênico *in loco* e pouco antes de acontecer a aula, trouxe informações importantes com relação às dimensões e variadas possibilidades de sua utilização. Estudamos durante o aquecimento algumas funções do espaço, por exemplo a relação frontal palco e platéia. Exercitamos a percepção espacial no palco, por meio de exercícios corporais e propostas para locomoção, sendo criadas pelos atores várias/novas formas de andar. Esse aquecimento foi realizado previamente à entrada da platéia. Posteriormente, quando a platéia já estava bem acomodada em suas poltronas, voltamos para o trabalho de percepção espacial com a platéia.

No decorrer da aula aberta foram demonstrados recortes do método do jogo teatral com a peça didática. Iniciamos com a leitura do texto com vozes simultâneas, na qual cada ator mantém seu ritmo pessoal. Não se trata aqui de uma leitura coral. O texto escolhido para fazer a demonstração foi "As Duas Moedas", de *O Maligno Baal, o Associal*:

*Diante dos cartazes de propaganda de um cinema obscuro baal encontra acompanhado de Lupu um garotinho que está soluçando.*

BAAL – Por que está chorando?
GAROTO – Eu tinha duas moedas para ir ao cinema aí veio um menino e me arrancou uma delas. Foi esse aí – *ele mostra*.
BAAL– (*Para Lupu.*) Isto é roubo. Como o roubo não aconteceu por voracidade não é roubo motivado pela fome. como parece ter acontecido por um bilhete de cinema é roubo visual. Ainda assim: roubo. Você não gritou por socorro?
GAROTO – Gritei.

Baal – (*A Lupu.*) O grito por socorro expressão do sentimento de solidariedade humana mais conhecido ou assim chamado grito de morte acariciando-o ninguém ouviu você?

Garoto – Não.

Baal – (*Para Lupu.*) Então tire-lhe também a outra moeda (*Lupu tira a outra moeda do garoto e os dois seguem despreocupadamente o seu caminho.*) (*Baal para Lupu.*) O desenlace comum de todos os apelos dos fracos.

O texto foi lido pelos jogadores, que se locomoviam no espaço, cruzando-o em diferentes direções, mudando sempre a direção no espaço. Iniciam aqui os primeiros diálogos, as primeiras aproximações com o outro, ao mesmo tempo em que a leitura dentro do ritmo pessoal deve prevalecer. Nasce um burburinho, cresce a onda sonora das vozes dissonantes.

Na próxima demonstração, forma-se o círculo dos atores com as costas para o centro. A instrução para a demonstração do procedimento: leitura de uma mesma frase com diferentes intenções na fala. A regra: "Apenas um em movimento! Ouvimos agora apenas uma fala por vez!".

Esse jogo inevitavelmente provoca situações que revertem o nexo, o lugar-comum e permite o nascimento do humor, do teatro que faz rir de si mesmo, provocando espanto diante da fala do texto.

A aula aberta foi dividida em três estudos. O Estudo 1 é um jogo de improvisação com a fala. Embora todos os atores tivessem o mesmo texto nas mãos e trabalhassem com o procedimento de dizer as frases do texto, nasceram nas três duplas de atores que se apresentaram, três diferentes cenas, ou seja, três diferentes versões do mesmo texto.

Ao final de cada exercício realizado no processo de demonstração, os atores terminavam *congelando* o gesto e tirando a máscara do papel representado, passando literalmente as mãos sobre o rosto, voltando à máscara neutra. Fazia-se então o cumprimento de agradecimento para a platéia. Esse foi um momento alto na aula aberta, especialmente porque espontaneamente veio uma dupla da platéia propor uma nova versão do texto.

O Estudo 1 foi avaliado a partir de questões propostas para a platéia que fazia a descrição dos significados de gestos

Eu tinha duas moedas para ir ao cinema...

Aí veio um menino e me tirou uma delas.

Você não gritou por socorro?

Huuuummmm.....

O grito por socorro! Expressão do sentimento da solidariedade humana...

Foi esse aí!

Eu tinha duas moedas para ir ao cinema.

Isto é roubo.

Você não gritou por socorro?

Gritei!

O grito por socorro, expressão do sentimento de solidariedade humana.

Mais conhecido ou assim chamado, grito de morte!

Qual a atitude do garoto?

Enquanto um ator no palco era o molde, o outro fazia o papel de escultor, moldando de acordo com as instruções dadas pela platéia.

e atitudes nas cenas. No Estudo 2 colocamos uma questão síntese para a platéia: "Qual a atitude do garoto?" A platéia descreveu fisicamente – pés, joelhos, ombros, maxilares, sobrancelhas, pupilas, olhar – enquanto um ator no palco era o molde, o outro fazia o papel de escultor, moldando de acordo com as instruções dadas pela platéia.

No Estudo 3, os seis atores mostravam atitudes de garoto, enquanto fazíamos a narrativa de "O Garoto Indefeso" que é a versão narrativa incluída por Brecht nas *Histórias do Sr. Keuner* (Brecht, 1989).

Sr. K. falava da insensatez de suportar injustiças remoendo-as silenciosamente para si mesmo e contou a seguinte história: um passante perguntou a um garoto que chorava pelo motivo de seu pesar. Eu tinha duas moedas para ir ao cinema, disse o garoto, aí veio um menino e me arrancou uma delas. E ele apontou para o menino que podia ser visto a alguma distância. Você não gritou por socorro? perguntou o homem. Sim, disse o garoto e soluçou um pouco mais forte. E ninguém ouviu você?, continuou perguntando o homem, acariciando-o com ternura. Não, soluçou o menino. Você não pode gritar mais alto?, perguntou o homem. Não, disse o garoto e olhou para ele com nova esperança. Pois o homem sorria. Então me dê também essa outra, disse o homem, tirou-lhe a última moeda e seguiu o seu caminho.

Os gestos no texto narrativo eram acentuados pelos atores no palco. "Foi esse aí!" (gesto de acusação); "O grito!" (grito silencioso com as partes do corpo). Ao final, a máscara neutra, o cumprimento para a platéia.

O debate que se seguiu com os professores comprovou a eficácia da forma demonstrativa. Foram abordadas questões que relacionavam a situação do texto com a nossa realidade brasileira, sendo que a aula aberta foi avaliada como de interesse para as mais diferentes áreas presentes diante do ensinamento dialético que promove. Houve depoimentos como "Dá vontade de voltar a dar aula! A gente sai do marasmo em que a rotina da sala de aula muitas vezes se transforma!".

O *Kollektiver Kunstakt* diferencia-se da aula aberta ao incorporar a platéia como atuante no espaço do jogo. No experimento realizado próximo ao Bosque da Leitura, no Parque do Ibirapuera, no dia 29 de novembro de 1998. O modelo de ação (texto) foi o mesmo utilizado na aula aberta, no MAM. A maior diferença para aquela aula foi o espaço. Nosso espaço cênico seria criado com os participantes. Definido era apenas o local – Bosque da Leitura – e o horário, às 10:00 horas. À hora combinada, os participantes chegavam. Após ter realizado alguns exercícios de aquecimento corporal, estavámos prontos para o jogo teatral com a platéia.

Iniciamos formando um grande círculo e jogamos com a percepção espacial, aumentando e diminuindo com o coletivo dos jogadores as dimensões do círculo, gerando o sincronismo de ações entre parceiros de jogo. Experimentamos a seguir uma seqüência de jogos teatrais, encaminhando o foco da investigação coletiva – atitudes e gestos.

No primeiro jogo, a forma do círculo era mantida, sendo que um jogador mostrava uma atitude, caminhando dentro do círculo. Outro jogador entrava atrás dele, mantendo a mesma caminhada, imitando sua atitude. Um terceiro, quarto, quinto, sexto etc. jogadores podiam imitar a atitude sucessivamente. Em seguida, uma nova partida de jogo poderia ser iniciada. Esse jogo foi transformado a seguir pela instrução de imitar o oposto daquilo que o primeiro estava mostrando. A adesão da platéia foi total!

Muito prazeroso foi ver colegas e antigos alunos e alunas jogando de novo. Ouvi comentários como: "Que bom poder jogar! Que liberdade! É disto que eu preciso!". Abriu-se assim mais uma potencialidade do ato artístico – a atualização da *práxis* por intermédio do jogo teatral.

A percepção do espaço por meio das caminhadas com foco na substância do espaço, introduziu a leitura simultânea do texto. A diferença para a aula aberta é que somente havia leitores/atuantes e não havia mais platéia.

Seguiu-se a improvisação das falas com o texto na mão, sendo que cada dupla de protagonistas tinha a seu lado o coro, que espelhava suas atitudes e gestos. O princípio do coro espelhando as ações improvisadas amplia o gesto e as atitudes dos protagonista.

Moldar a imagem a partir de sugestões de parceiros no círculo ajudou a fazer a síntese do aprendizado também ao ar livre. Depois os jogadores moldaram a sua imagem em duplas, mantendo-se a organização espacial do círculo, sendo, desta vez, formados dois círculos (interno e externo). Após

Moldando a imagem em duplas.

Improvisação das falas com o texto na mão.

Havia somente leitores/atuantes e não havia mais platéia.

A roda de fora girava para a direita

e a roda de dentro para a esquerda.

A leitura da versão narrativa do texto.

A construção do gesto.

Imitação de atitudes.

Parque do Ibirapuera. Bosque da Leitura. Viveiro Manequinho Lopes.

moldar a imagem em duplas, a roda de fora girava para a direita e a roda de dentro para a esquerda, mantendo o foco em gestos e atitudes.

Enquanto as duas rodas giravam, foi lida a versão narrativa de Brecht por um dos coordenadores de jogo. Voltamos ao círculo grande e fizemos os cumprimentos. Belo é o aplauso coletivo do ato artístico!

*A Fala Estranhada*

Durante o primeiro semestre de 1999 mantivemos encontros regulares com o grupo de orientandos e alunos do Curso de Pós-graduação em Artes da ECA/USP. Decidimos não realizar experimentos para novas platéias e sim aprofundar nossa pesquisa com a fala. Faço a seguir um relato intercalado de comentários, no qual procedi por meio de recortes da prática.

Durante o processo de pesquisa, trabalhamos com diferentes técnicas, vindas de metodologias de origem oriental e ocidental, que inicialmente denominei exercícios "Kasper Hauser" (Ritter, 1986) na busca do processo de conhecimento sensório-corporal. Trabalhamos, por exemplo, com o sentido do tato:

- tocar partes do corpo e/ou objetos;
- tocar + voz: busca de sincronismo;
- prazer/desprazer em tocar: busca de intencionalidade;
- mostrar o gesto da percepção com o tato: lembrança da sensação;
- transformação nas intenções do tato: exemplo – mãos sujas de sangue.

De acordo com Stanislávski, a palavra não é para o ator apenas um som, mas atende à sua necessidade de evocar imagens. O ator não fala apenas para ser ouvido. Ele fala para o seu olho interior, que, por sua vez, é alimentado pelo ouvido. A precisão da imagem não é apenas completada pelo som como dele depende.

No trabalho prático eu tive a intenção de operacionalizar três planos de percepção sensório-corporal: o sincronismo entre respiração/olhar/partes do corpo.

Introduzindo o processo de pesquisa por meio dos exercícios "Kasper Hauser", com foco no sentido do tato, ampliamos o foco para a percepção do espaço. Por meio de instruções dadas durante o desenvolvimento dos movimentos improvisados, busquei a integração entre respiração, olhar (pálpebras) e voz. A palavra era pronunciada em associação com a cor da substância do espaço.

Detalhando os procedimentos, teríamos:

          respiração
          tato
VOZ    olhar
          espaço
          partes do corpo

Na tentativa de reconstruir o processo, faço o registro das instruções dadas:

– Veja o objeto no espaço!
– Escolha a abertura do seu campo de visão!
– Abrindo e fechando as pálpebras!
– Veja o objeto no espaço utilizando as pálpebras!
– Trabalhe com os planos alto, médio, baixo!
• O plano pode ser lá no alto e as pálpebras estão quase cerradas!
• O plano é aqui embaixo e as pálpebras estão abertas!
• Deixe o nome da cor nascer na respiração!
• Experimente o som de uma das vogais da cor!
• Consoante!
• Fale o nome da cor lá para longe.
• Para muito perto!
• Defina um ponto, lá longe!
• Outro, bem perto!

Gostaria de finalizar meu protocolo com o depoimento de uma atriz-bailarina de Pina Bausch. "Se você pega um movimento e o multiplica por não sei quantas vezes, ele fica repleto de possibilidades que vão se somando ao primeiro." Interessante é a articulação do processo de montagem de Pina Bausch com os atores:

- improvisações dos atores-bailarinos;
- repetição daquelas que mais gostou;
- recorte e colagem de gestos + repetição = partitura;

para o espetáculo:

- repetição de um mesmo bloco;
- com a música: experimentação, galeria de sons.

Em um último depoimento da atriz-bailarina: "Metade do sentimento vem do movimento. O movimento indica o caminho a seguir. Exemplo, o medo da morte na Sagração da Primavera".

Foram muitas as questões levantadas durante as avaliações. Será preciso trabalhar com a construção da partitura da fala. A partitura da fala deve ser dissociada e acrescida à partitura do gesto.

Diante da avaliação realizada nesse dia, fiz uma pesquisa sobre o texto como material sonoro, buscando uma representação estranhada da fala:

- variações de volume e tempo;
- tonalidades de diferentes matizes através da transformação de atitudes físicas;
- ações ritualizadas;
- imitação de vozes de animais;
- imitação de ruídos;
- mudança da altura da voz na escala;
- sons da respiração;
- acento em vogais/consoantes;
- repetição de sons, sílabas, palavras, frases;
- falas em diferentes contextos: sermão, reportagem, linguagem de computador etc.;
- construção da fala a partir da atitude física Ex: máscara do rosto;

- espelho + movimento;
- espelho+ gesto;
- siga o seguidor com a voz;
- espelho A/B: cada qual com uma frase do texto;
- espelho A/B: ambos a mesma frase;
- Bláblação;
- Sussurar/gritar;
- Congelar!;
- Parte do todo.

No trabalho com o quadro de Brueghel *Os Cegos* (Brueghel, 1525-1569) trabalhamos com exercícios de espelho em duplas que visaram atingir a ludicidade e fluência de movimentos e sons produzidos vocalmente. O espelho foi focado a seguir sobre o rosto do parceiro pelas seguintes instruções: "Rosto + cego! Mantenha o foco no espelho! Foco na transformação! Na passagem de uma máscara do rosto para outra! Agora construa uma partitura com três máscaras diferentes!".

Deixando-nos impregnar pela imagem de Brueghel, reconstruímos o quadro. À imagem foi acrescentada a partitura de três máscaras, que cada ator havia construído. *Foco na transformação!* À imagem e partitura da máscara foi acrescentada a fala ... *assim como antigamente fantasmas vinham do passado ... agora eles vêm também do futuro.* A fala dos atores partia da musculatura do rosto.

Jogamos com inúmeras variantes em torno de *Moldar a Imagem* (modelo, escultor, massa), espelhos a partir da imagem, câmera lenta, partes do corpo, *Siga o Seguidor* (Spolin, 1999) em círculo + construção de imagem. Cogitamos de outros textos e de outras imagens como Siron Franco, Saramago, Büchner, Paul Klee, Benjamin e Heiner Müller.

Trabalhamos embaixo da figueira: *Benjamin Ficus* era o nome erudito das muitas árvores que nos receberam. Eram o nosso espaço cênico.

Na leitura da imagem *Angelus Novus* de Klee seguimos algumas etapas. Primeiro, observamos em silêncio, deixando-nos impregnar pela imagem. A seguir, passamos a verbalizar nossas impressões, descrevendo a imagem. A leitura de "Sobre o Conceito da História", de Benjamin permitiu a discussão da obra no plano da sua iconografia, contextualizando o modelo de ação, nesse caso, a aquarela de Klee. Na prática com o jogo teatral, iniciamos moldando a imagem por meio do *Moldar Cego* e do *Siga o Seguidor* (Spolin, 1999) em duplas e com instruções e platéia. As árvores e a construção da partitura física fez com que nos aproximássemos de *Angelus Novus*, com muitas lentes que estimulavam nossa caminhada. Transcrevo a seguir recortes de protocolos escritos pelos atores.

A orientação do vento empurrando o anjo, levando-o para trás foi muito importante. Sentia que o esbugalhamento dos olhos e abertura da boca ressaltavam a expressão de espanto que via espelhada em minha companheira de jogo. Intensificar a expressão e depois relaxar para reconstruir a imagem novamente fez com que o trabalho de construção da partitura ficasse mais claro. Posso reconstruir os gestos que estão agora como que gravados em meu corpo. Ao mesmo tempo, o texto de Benjamin ecoava em minha cabeça.

E foi então, sob a efígie de uma árvore, que depositamos nossas referências, nossas partituras gestuais. Deixar o corpo absorver o espaço, o objeto. Percebo mudanças. Distorções e desequilíbrios remetem fisicamente a troncos e galhos. Os anjos estão em seu curso. Ora leves como folhas de outono; ora enraizados ou em permanente desequilíbrio; ora assustados, atônitos, indignados em seu traço inocente. Como em Wenders, os anjos parecem querer pousar, não mais para colocar em perspectiva a história da Alemanha pré e pós-muro. Mas para dialogar com a nossa experiência, com a nossa história, aqui em São Paulo.

Cara de horror, braços estendidos, tensão nos pulsos e no cotovelo. Algo te leva para trás, uma força que independe de sua ação. Às vezes uma posição de defesa, como se apontasse uma arma na sua direção e naturalmente os braços se erguessem.

Um vento forte passa pelo corpo e o desequilibra, os olhos se confrontam com o mundo à sua frente.

Tronco curvado em direção ao céu, algo que quer subir e não consegue, um ser condenado a estar na terra e ver o show de horror do final do século.

Olhar incerto, sem saber para onde ir? Olhar quer aconchego mas não há. O chão é incerto, viver é incerto. Sensação de flutuação. Mãos tentam se apoiar na árvore que parece sólida.

O anjo caído, destronado, materializado, sem asas para voar, sem lados para fugir, um eremita que anda de costas. Frágil como todo ser humano, ciente de seus limites e assustado com seu novo mundo.

Feminilidade, rosado, leve, macio, diferentes planos, recortes de espaço e de planos sustentam a figura infantil no ar. Há um espaço de tensão, de

*71*

*Os Cegos*, de Brueghel.

... assim como antigamente fantasmas vinham do passado ... agora eles vêm também do futuro.

sustentação de traços. Uma esfinge formada por um rosto humano deformado, corpo e pés de ave...

Nos encontros do Núcleo 1, trabalhamos com diversas abordagens metodológicas. Ao lado do *Setai-Ho*, exploramos o método Laban e estudamos o teatro antropológico. O *Setai-Ho*, de origem japonesa, trazido para o Brasil por Toshiyuki Tanaka. Tendo participado do núcleo de pesquisa *Fu-Bu-Myo-In*, sob a orientação do mestre durante dois anos e meio, introduzimos no Núcleo 1 alguns princípios. Por meio de diferentes técnicas como o *Do-Ho*, o *Katzu-Gen*, entre outras, o *Setai-Ho* pretende o movimento espontâneo aliado à forma, como pode ser reconhecido, por exemplo, na cerimônia do chá, representativa da cultura japonesa (Noguchi, 1984). Entre as diferentes técnicas, o *Do-Ho* por exemplo trabalha com o *kata*, a forma. Há posturas predeterminadas que são aprendidas ao longo do treinamento.

Retomando o protocolo do processo de pesquisa corporal, o movimento das asas do anjo, por exemplo, foi trabalhado a partir da construção de um *katá* (energia retezada) que mobilizou um movimento que vinha desde os punhos, cotovelos, ombros até omoplatas, integrando o movimento no espaço. Utilizando-nos de galhos espalhados pelo chão, encontramos mais um estímulo para provocar o movimento estendido, desde as pontas dos dedos.

A característica mais comum dos atores e dançarinos de diferentes culturas e épocas é o abandono do equilíbrio cotidiano. O equilíbrio extracotidiano exige maior esforço físico, dilatando as tensões do corpo. A tradição oriental tem uma codificação de posições básicas que o aprendiz precisa adquirir por meio do treino. A alteração da técnica corporal cotidiana é essencialmente baseada numa alteração do equilíbrio. Barba traz inúmeros exemplos. No teatro *Nô* japonês, o ator caminha sem nunca levantar os pés do chão; ele se move para a frente deslizando os calcanhares. Nessa caminhada, os joelhos devem ser levemente dobrados. Isso resulta numa leve pressão para baixo da coluna vertebral e, portanto, do corpo inteiro.

Ao realizar o trabalho de pesquisa de voz, trabalhamos com a harmonização entre respiração e postura. A emissão

Uma esfinge formada por um rosto humano deformado, corpo e pés de ave...

Frágil como todo ser humano e assustado com seu novo mundo.

O trabalho com diversas abordagens metodológicas.

das cordas vocais torna-se orgânica, fazendo vibrar o aparelho fonador com equilíbrio. Nos exercícios de vocalização, fizemos combinações com princípios do jogo teatral, o que propiciou um alto nível de percepção da energia sensório-corporal, aliada à improvisação com vogais e consoantes. Em uma das variantes, no jogo teatral denominado Dublagem (Spolin, 1999) um parceiro fazia o jogo com vogais e consoantes, enquanto outro improvisava com movimento. Esse trabalho propiciou sucessivas aproximações do texto "Sobre o Conceito de História", de Benjamin, que foi confrontado com a imagem de Klee e dialogou com textos de Heiner Müller sobre o anjo da história.

No processo da pesquisa, *Angelus Novus*, de Klee foi a imagem privilegiada, a partir da qual configuramos nosso tema – anjos. Rastreando a História da Arte, encontramos o afresco *A Lamentação*, de Giotto Di Bondone (1303). Os corpos dos anjos de Giotto se contorcem em atitudes e gestos de sofrimento humano. Na História da Arte, nunca antes seres angelicais haviam sido mostrados numa manifestação tão dramática do sofrimento humano. Os anjos de Giotto, incapazes de conter a angústia, dilaceram os céus com seu pranto. Esses estranhos anjos foram o foco do jogo teatral. Cada ator escolheu um anjo na imagem e cada qual construiu a sua partitura. No jogo, havia troca de papel, experimentando o anjo de parceiros. "Foco na transformação!" "Compartilhar o quadro de cena!" "Volte para o seu anjo!" "Trocar com o parceiro!"

Novos anjos foram encontrados no filme *Asas do Desejo*, de Wim Wenders (1987), cujas imagens marcaram a leitura que fizemos dos textos sobre os anjos de Heiner Müller. O gesto de rejeição da crença no progresso da história, formulado na dramaturgia de Müller, orienta-se pela acepção desenvolvida por Benjamin, em "Sobre o Conceito da História".

Enquanto a percepção do universo dramático ficcional normalmente coloca a subjetividade do receptor em segundo plano, os ruídos no texto de Müller almejam a conscientização do processo de percepção enquanto tal.

"O texto não deve ser transportado como comunicação, como informação, mas deve ser uma melodia que se movimenta livremente no espaço [...] a cabeça não pertence ao

*A Lamentação*, de Giotto Di Bondone.

Construção de partituras gestuais.

teatro, senão não há experiência. Experiência só pode acontecer às cegas" (Müller, 1986). A encenação dessa estética exige um repensar dos meios de representação e de enunciação da fala.

Müller entende o teatro como um *forum* público, que não deve servir à consolidação de modelos teóricos, mas como superfície de projeção para o esboço de um outro pensar. Em vista da crescente influência da mídia sobre todos os campos sociais, o teatro se diferencia reconhecidamente das outras artes pela presença física de produtores e receptores e pelo seu caráter efêmero.

Com a desconstrução das personagens e dos papéis, Müller cria os pressupostos para a revisão da disciplinação corporal no teatro desde o Iluminismo. Dessa forma vem para o primeiro plano a presença física do jogador e não mais a sua função de intérprete. O palco responde de forma exemplar à pergunta sobre o que se esconde – no teatro bem como na vida – atrás da máscara e do papel. Não é nada menos que a pura *physis* do homem, negada a partir das mais diversas visões de mundo teleológicas, a serviço de uma instrumentalização do corpo. O teatro transforma-se "em um diálogo entre corpos e não entre cabeças" (Müller, 1986).

Ficou nítido nesse momento da experimentação com os textos que a pesquisa com a fala estranhada levaria a um resultado cênico que aproximamos da definição de *performance*. A *performance* assemelha-se, em parte ou na sua totalidade, ao jogo, teatro, esporte, rito de forma que sua matéria central não é apenas um roteiro, mas um conjunto complexo de regras. A natureza particular da *performance* reside no fato de que ela não tem sentido, senão quando se assiste a ela.

A *performance* não depende de salas de teatro, podendo se manifestar em espaços alternativos de trabalho, jogos e cultos. Na tradução para o português do livro *A Arte Secreta do Ator. Dicionário de Antropologia Teatral* (Barba, 1995), o termo *performer* foi traduzido por Burnier como ator-bailarino. Em francês, a palavra *acteur* foi substituída pela palavra *comédien* no século XVIII e é utilizada até hoje para designar ator (Pavis, 1996). É sintomático que Grotovski tenha recentemente introduzido a palavra *doer* (Pradier, 1997), que vem do verbo inglês *to do* (fazer), sendo que *doer* é aquele que realiza uma ação, recuperando assim o antigo emprego da palavra *acteur*, em francês. Essa terminologia enfatiza o fazer, o evento espetacular realizado numa dimensão de criação da realidade cênica no aqui/agora, em oposição ao *intérprete*, à representação.

Artistas como Peter Brook, Pina Bausch e Ariane Mnouschkine almejam, por intermédio de seus trabalhos, a interculturalidade e a plurilinguagem. Ao lado da diversidade de nacionalidade dos artistas presentes num mesmo espetáculo, vemos a articulação de diferentes línguas e culturas dividindo o mesmo espaço cênico e estabelecendo uma plurilinguagem na qual recursos de diferentes artes são colocadas à disposição da obra cênica, na qual teatro e coreografia, música e material iconográfico contribuem para criar o evento da *performance*. Nessas abordagens, a transdisciplinaridade se faz presente, tendo como eixo o corpo, objeto de estudo de várias ciências, permitindo o cruzamento e o confronto de diferentes domínios. A história da evolução das técnicas corporais confunde-se com a própria história da dança moderna no final do século XIX. Os pensamentos de Delsarte, Dalcroze e Laban impuseram um novo olhar sobre o movimento humano e a dança, abrindo um leque mais vasto de possibilidades de aplicação de suas metodologias, que vai do ensino da música, do teatro e da dança à aplicação de técnicas corporais aplicadas à terapia e à educação corporal. No Brasil, Maria Duschness e Klaus Vianna foram divulgadores dessas novas abordagens. Hoje, a educação somática entendida como práticas tais como a eutonia de Gerda Alexander e o trabalho de Feldenkrais, entre outros possibilitam o equilíbrio entre o treinamento corporal e a escuta do corpo.

É diante desse quadro de uma pedagogia do teatro e da dança que se situa o limite entre o ato artístico e a *performance*. De natureza diferente, na medida em que o ato artístico pressupõe a participação do espectador no próprio processo de criação da obra, há no entanto toda a possibilidade de trânsito entre essas duas formas de encenação. Um dos resultados da presente pesquisa anuncia, por exemplo, que o aprofundamento do caráter *performático* dos coordenadores de jogo pode abrir infinitas possibilidades no ato artístico, gerando um grau de teatralidade cada vez maior. Entretanto, o exercício do ato artístico pode trazer inequívocos enriquecimentos para que o *performer* saia de seu isolamento. Atores, músicos, dramaturgos e dançarinos podem desempenhar funções importantes no processamento do ato artístico, por meios os mais diversos. Seu âmbito pode incluir desde a peça didática, no sentido estrito, que conhece apenas atuantes, até experimentações que teriam no entanto alguns pressupostos. O atuante dessa forma de encenação não empreende uma representação exclusiva para os outros, mas sua *performance* também se destina à sua própria aprendizagem. A encenação que guarda essa característica é moldada tendenciosamente por uma direção coletiva, não submissa à visão unificadora de um diretor de cena.

Em seu sentido etimológico, texto significa textura. O teatro contemporâneo não se limita ao texto dramático, no sentido estrito, mas também recorre à poesia, ao texto narrativo por meio do romance, da novela, da notícia e mesmo a textos teóricos como no exemplo da presente pesquisa, "Sobre o Conceito da História", de Benjamin.

Há infinitas formas de trabalhar com o texto literário no teatro. Se ele pode constituir-se no valor principal do espetáculo, fazendo convergir todos os outros elementos como atores, diretor, organização do espaço e acompanhamento musical para a sua emissão, ainda assim ultrapassa a obra literária enquanto escritura, em função da experiência sensorial da cena por meio do som, da visão e do corpo. As palavras escritas se transformam em voz e presença física, pensamento em ação.

O conceito de texto como tecido, como tessitura, como obra literária com alto grau de elaboração artística significa eleger uma ou mais obras literárias que serão trabalhadas como uma substância que vai alimentar um novo organismo: a *performance* ou o ato artístico. O texto literário é um dos níveis ou componentes destas formas de manifestação espetaculares.

Por ora, o que mais conta não é transmitir um método de análise, capaz de abrir, como um abridor de lata, todos os textos possíveis.

É preciso lembrar que os autores escreveram para serem encenados, não para serem ensinados. Mais do que a diacronia e a sincronia da obra, mais do que a leitura meramente formal, o método de leitura ativa apresentado por meio do presente experimento indaga o texto como material a ser moldado, a ser contextualizado propiciando a experiência estética pelo movimento de mão dupla entre o apreciar e o fazer.

Agora imaginem um Brecht sentado em um canto da sala... vamos negar o ator/leitor apaixonado?

## Um Protocolo dos Protocolos

Determinada a escrever algo sobre o *Protokoll* (protocolo), resolvo procurar no dicionário o significado da palavra, talvez na busca de um pouco de inspiração. Encontro *Protocolo*, do grego *Protokollon*: primeira folha colada nos rolos de papiro, na qual se escrevia um resumo do conteúdo do manuscrito. Entre outras acepções que encontrei, a última me chamou a atenção. No sentido figurado, protocolo significa: formalidade, etiqueta, cerimonial.

Remexendo pastas antigas, com protocolos de alunos de graduação do Departamento de Artes Cênicas da ECA/USP, faço uma viagem no tempo até o dia 28 de maio de 1992. E leio em um protocolo, um título: "Das Crises e das Conclusões de uma Manhã de Quarta". E leio uma rubrica:

> (*Num sofá qualquer, perdido numa esquina qualquer de uma escola.*):

> E a aula? E a aula? Já começou?
> Você viu a Ingrid passar?

E mais uma rubrica

> (*Levantar-me. Passos desconexos num corredor amarelo. Porta amarela. Visão desfocada de silhuetas familiares.*):

> Vocês já estão aqui? Ah! Vocês já estão aí?
> Cadê o Jorge?
> O currículo básico? Vai se restringir, agora, a aprender a ler e escrever.
> Providências!

Ensaiar crianças! Como se chegou a isso!
Ah! Aí está o Jorge!
O protocolo! Trouxe o protocolo?
Sim, vamos a ele.

E leio um comentário:

(*Até então, as coisas estavam tranqüilas naquela manhã de quarta. Foi aí que*):

Como andam as leituras para a próxima semana?

## O protocolo segue:

Uma caneta caiu no chão, à minha esquerda. À direita, um acesso de tosse mais que repentino. Bem em frente, alguém assobia certa marchinha antiga. Quanto a mim... bem... eu... enterrei interessada a cabeça nas folhas vazias do meu caderno. Todos contamos mentalmente até três. O ar sustentado nos pulmões. Voltamos à tona. Cedo demais ! Ela não desistiu. Novas sirenes. Novos bombardeios. A mesma pergunta.

A pergunta que eu fiz passou batido?

Meu coração acelerado. Não seremos poupados! Ela não nos poupará! Ainda pensei, evidente e enterrei de novo os olhos no papel vazio. Primeira conclusão. Avestruz. Eu sou um avestruz. Nem bem me recuperei da amarga conclusão, ao saber-me assim um espécime avestruz. Acomodada. Descorajosa. Omissa. E mais... pegou-me de surpresa um novo ataque frontal.

Seria bom se Orleyd fizesse o protocolo.

As pupilas saltam-me da face. Meu estômago em revolução. Suplico: poupe-me, professora! Sou menina, não sei escrever! Como vou fazer? Como vou fazer? Segunda conclusão: o chão desta aula não é confiável. Não se está seguro por aqui. O terreno é perigoso: trata-se de uma região sujeita a intermináveis abalos sísmicos. É isso aí, educar. Catucar. Exasperar um pouco. Chacoalhar. Só um pouco deixar descansar. Parece que começo a compreender.

Meu modelo original de avaliação é *Genoveva Visita a Escola ou a Galinha Assada*, um relatório de bimestre da professora Madalena Freire que desenvolvia naquela época (1979) um trabalho na pré-escola. No relatório dirigido aos pais da Escola Criarte, Madalena relata a experiência que teve com um grupo de crianças de quatro anos a partir do seu objetivo educacional – a percepção do corpo. Eis o bilhete aos pais, escrito pelas crianças e por Madá:

[...] nós escutamos nosso coração e já vimos o coração da galinha e do boi, mas a gente não sabe como é o nosso coração; quem tem uma fotografia do nosso coração que a gente possa ver? Aos poucos foram chegando fotos de revistas, radiografias com um bilhete do pai, que provocou grande respeito, explicando... livros sobre o coração e o funcionamento do corpo em geral. Atualmente estamos vendo, estudando estes materiais, mas o que já pude observar muito claramente em todos, como reflexo deste trabalho que estamos vivendo, é uma forte consciência do próprio corpo, suas partes, seus membros, que se revelam, por exemplo, no desenho da figura humana, com todas as partes do corpo bem salientadas. Surgiu, inclusive, uma construção na areia por um grupo de cinco crianças de uma figura humana gigantesca. A construção foi feita salientando o contorno do corpo com todas as suas partes.

Voltando à sala relembrei o que vi no parque, dei uma folha de papel bastante comprida e pedi para irem mostrando o que tínhamos visto na areia. Isto porque penso que é importante que as crianças documentem concretamente, e no caso através do desenho, suas experiências, seu trabalho. E assim surgiu o nosso gigante, cada criança desenhando uma parte do gigante.

Concluindo, o que tenho observado, sentido nas crianças (e em mim) como reflexo do nosso trabalho, é um grande entusiasmo, os desafios sendo enfrentados com alegria e prazer. O que nos dá a certeza de que a busca do conhecimento não é para as crianças preparação para nada, mas sim, vida aqui e agora.

Identifiquei na pedagogia freiriana o paradigma para uma busca do conhecimento em que a autoridade intelectual e moral é substituída pela interação e investigação. Não é possível falar em avaliação sem considerar a postura educacional que lhe imprime significado. Não é possível falar de um instrumento de avaliação, como é o protocolo, sem considerar questões de ordem metodológica que lhe dão sentido e forma. Ao focar o protocolo como objeto ora em discussão, é preciso considerar ainda a interdisciplinaridade de uma atividade que busca correspondências entre o teatro e a educação.

À origem freiriana de meu paradigma original, somou-se o estudo da epistemologia genética de Jean Piaget, documentado em *Jogos Teatrais* (Koudela, 1984) no qual é possível ler depoimentos de crianças, adolescentes, atores, dramaturgos e diretores de teatro que participaram de oficinas realizadas em vários locais na cidade. O paradigma original nunca foi abandonado, mas, antes, enriquecido e aprofundado quando me debrucei sobre a proposta pedagógica do *Lehrstück*, da peça didática de Brecht.

*O que é o* Protokoll *para Brecht?*

O exemplo mais citado no contexto da pesquisa sobre a peça didática são os protocolos escritos em função da encenação de *Aquele que Diz Sim*. A primeira versão da peça foi escrita em 1950, a partir da tradução que Elizabeth Hauptmann fizera da tradução de Waley (1966), do original japonês. A fábula da peça *Nô* gira em torno de um garoto que decide acompanhar a viagem de peregrinação de seu mestre para orar pela mãe, que está enferma. O garoto não consegue acompanhar a expedição, adoecendo na caminhada e, de acordo com o grande velho costume, é morto, sendo jogado em um despenhadeiro. Brecht escreveu duas versões para *Aquele que Diz Sim*. Na primeira, o motivo para a expedição é uma pesquisa, ou seja, um estudo com os professores que estão além das montanhas. No "Caderno 4" dos *Versuche* (Brecht, 1959), escritos em 1930, foram registrados excertos de discussões, a partir desta primeira versão de *Aquele que Diz Sim,* na Escola Karl Marx, em Neuköln.

Já na primeira versão, o grande coro conduz o texto, chamando a atenção de que muitos estão de acordo com aquilo que está errado. Na primeira versão de *Aquele que Diz Sim* o dramaturgo queria pesquisar atitudes. O resultado foi positivo, conforme demonstram os protocolos dos alunos. Eles não estavam de acordo com aquilo que está errado. Nos *Versuche*, Brecht indica duas possibilidades para avaliar as reações dos alunos: poder-se-ia modificar o começo (*Aquele que Diz Sim*, segunda versão) ou o final – *Aquele que Diz Não*. Em nota para as duas soluções, Brecht escreve: "[...] o experimento de número onze: as óperas musicais *Aquele que Diz Sim* e *Aquele que Diz Não* são destinadas a escolas. As duas pequenas peças não devem ser encenadas uma sem a outra".

Se entendermos os textos das peças didáticas como dispositivos para experimentos, então elas são suscetíveis de modificações quando novas questões são colocadas. Assim nasce uma *cadeia de experimentos*, de acordo com Brecht, que afirma com ênfase que o texto pode ser modificado, transformando o espectador em autor e atuante no processo educacional com a peça didática.

O que caracteriza o protocolo como instrumento de avaliação?

Antes do ensaio teórico, quero relatar uma prática de sala de aula com o protocolo em uma aula do seminário sobre *Galileu Galilei* proferido pelo Prof. Dr. Florian Vassen na Universidade de Hannover. Estão todos sentados em torno de uma imensa mesa redonda, comum nas salas de aula nas universidades alemãs. Um maço de papéis é distribuído no círculo, três folhas grampeadas para cada aluno, ocupado com os habituais preparativos para uma aula. Uma caixinha de metal é passada no círculo para fazer o pagamento da cópia, sendo que cada aluno deposita três moedinhas que caem tilitando. O silêncio de repente é rompido por uma grande risada coletiva, o motivo? o tilintar das moedas na caixinha de metal? paira um suspense no ar. Por piscadas com pálpebras é estabelecido o acordo de grupo e um dos alunos inicia a leitura do protocolo. Ao final, o Prof. Dr. Vassen abre para o círculo a oportunidade para observações, correções, acréscimos... Novo silêncio. Novo acordo? Alguém inicia. Outro completa. Agora se atropelam para falar. Há momentos alegres. Há prazer na descoberta do conhecimento.

Depois da aula o Prof. Dr. Vassen detalhou para mim o procedimento. Uma pessoa, às vezes duas ou três, ficam encarregadas de escrever o protocolo, sendo que elas devem se responsabilizar por fazer uma cópia para cada aluno. No início da aula subseqüente o protocolo é lido em voz alta, sofrendo o comentário da classe.

Aquele curso em Hannover era um curso teórico. No meu trabalho com o sistema de jogos teatrais no Brasil, lido não apenas com diferentes faixas etárias como desenvolvo uma *práxis* que incorpora a forma *discursiva* e *apresentativa* (Langer, 1971). O desafio que se apresenta para a avaliação do trabalho com as crianças é o mesmo que surge na articulação teórica do objeto ora em foco: o teatro. Os critérios utilizados no meu processo de avaliação – texto poético e jogo teatral – impõem necessariamente a ampliação do conceito de racionalidade, sem romper com a lógica no sentido estrito. Vamos exemplificar, fazendo o mesmo movimento e introduzindo um texto poético:

Mentira?
A mentira é uma verdade que se esqueceu de acontecer.
Mentiras.
Lili vive no mundo do faz-de-conta. Faz de conta que isto é um avião.
Depois aterrizou em pique e virou trem. Tuc tuc tuc tuc. Entrou pelo tú-
nel chispando. Mas debaixo da mesa havia bandidos. Pum! Pum! Pum!
Pum! O trem descarrilhou. E o mocinho? Meu Deus! Onde é que está o
mocinho? No auge da confusão, levaram Lili para a cama, à força. E o
trem ficou tristemente derribado no chão, fazendo de conta que era mes-
mo uma lata de sardinha.

Li esse poema de Mário Quintana (1983) para um grupo de crianças de doze anos de idade, alunos meus de quin-
ta série nas aulas de teatro. Propus a seguir uma pergunta
que visava avaliar o processo educacional com os jogos
teatrais, pela verificação do entendimento de alguns con-
ceitos básicos, utilizados enquanto terminologia naquele
semestre.

Qual a diferença entre a brincadeira de faz-de-conta da
Lili e o teatro?

Na brincadeira, ela se divertia, enquanto no teatro ela criava, cada
idéia na brincadeira era uma criação para se encenar um teatro. Quando ela
brincava ela deixava sua imaginação ir pro faz-de-conta, e isso acontece no
teatro, quando você deixa sua imaginação fazer uma boa cena. Na brincadeira você quer mostrar para si mesma a sua imaginação e no teatro você
mostra sua imaginação para você mesma e para os outros.

Nessa avaliação houve a preocupação em verificar o grau
de transposição das formulações construídas na forma apresentativa (jogo teatral) para a forma discursiva (depoimento).
Desenhos ou fotos elucidariam de outras formas. Preocupei-
me especificamente naquele momento com o grau de abstração
e os níveis de associações, relações, identificações etc. a que
as crianças chegaram.

A síntese da aprendizagem, materializada pelo protocolo, tem sem dúvida a importante função de aquecer o grupo,
promovendo o encontro. O protocolo possibilita maior deli-
mitação do foco de investigação em cada momento da aprendizagem. Eficiente instrumento na gestão das questões intra-
grupais, o protocolo revelou-se um instrumento radicalmente

democrático, ao permitir a articulação de um método que busca a prática da teoria e a teoria da prática.

Nos documentos que reuni em função de meu livro (Koudela, 1996), foi possível identificar que se por um lado o protocolo instrui os momentos do processo de aprendizagem, fazendo a leitura da história pretérita, por outro pode propulsionar a investigação coletiva.

Esse caráter propulsor do protocolo pode ser definido pelo conceito de zona de desenvolvimento proximal de Vigotski, que se refere à diferença entre os níveis de desenvolvimento potencial e real de sujeitos submetidos a processos de aprendizado. Uma das implicações pedagógicas desse conceito e que incide sobre a avaliação é a necessidade de que esta seja concebida prospectivamente. Não importa mais até onde o aluno chegou, mas o que o aluno poderá vir a ser a partir da intervenção educacional.

A zona de desenvolvimento proximal é provocada por meio do jogo teatral com inúmeras versões do texto original, nas quais nasce a leitura alternativa do fragmento. A atuação estranhada propõe multiplicidade de perspectivas. A avaliação reflexiva, no jogo com a peça didática traz a experiência física para o plano da consciência. No jogo com o texto, o gesto é interrompido, repetido, variado e narrado, submetendo a atuação a exame.

As questões que envolvem o protocolo tornam-se mais complexas se considerarmos que ele não aspira ser tão-somente uma epistemologia do processo. Enquanto instrumento de avaliação, o protocolo tem sem dúvida a função de registro, assumindo não raramente o caráter de depoimento. Não reside aí, porém, a sua função mais nobre.

O aprendizado estético é momento integrador da experiência. A transposição simbólica da experiência assume, no objeto estético, a qualidade de uma nova experiência. As formas simbólicas tornam físicas e manifestas as experiências, desenvolvendo novas percepções a partir da construção da forma artística. No jogo teatral brechtiano, o princípio do estranhamento incorpora o sensório e o racional, o corpo e a fala, o físico e o desconhecido. Ao promover a dialética do processo, o protocolo passa a anunciar a descoberta do conhecimento.

Ao almejar como função mais nobre dar conta do caráter estético do experimento com o modelo de ação (imagem e/ou texto), o protocolo promove a dialética como método de pensamento.

## 5. O *MATERIAL FATZER*

O assim chamado *Fatzer-Material* (Material Fatzer), refere-se a dois projetos: uma versão para *Schaustück* (peça épica de espetáculo), de 1927, e uma versão para *Lehrstück* (peça didática), de 1929. Nenhuma das duas versões é uma obra acabada, de forma que não se pode falar de uma peça *Fatzer*, mas sim, de *Fatzer-Material.*

Brecht publicou na época apenas três cenas, no primeiro caderno dos *Versuche* (Brecht, 1959). O fragmento nunca ganhou contornos definitivos e não pode ser considerado concluído. Há ainda uma publicação na versão de Heiner Müller pelo Henschelverlag. No Brasil, *Decadência do Egoísta Johann Fatzer* está parcialmente publicado (Brecht, 1996), em obediência aos textos publicados nas obras completas pelo Suhrkamp (1967). É somente na última edição, *Bertolt Brecht Werke.* (Brecht, 1994), que a obra aparece na íntegra, na forma de cinco *Arbeitsphasen* (fases de trabalho), por meio das quais se pode fazer a leitura do longo período de gestação do texto (1924-1927) que passou por modificações e acréscimos sucessivos. O *Fatzerkommentar* (Comentário Fatzer) é composto de textos teóricos sobre o processo e a função dessa escritura.

A ocupação com o *Fatzer* coincide com um momento na vida de Brecht em que ele se ocupava principalmente em experimentar as diferentes possibilidades do teatro épico. Nesta fase, que consta como uma das mais ricas em matéria de experimentação surgiu o *Songspiel Mahagonny* (1927), os fragmentos *Joe Fleischhacker* (1927-1929), *A Padaria* (1930), as peças didáticas *Vôo sobre o Oceano/ O Acordo* (1929), *Aquele que Diz Sim/Aquele que Diz Não* (1929-1930), o sucesso da *Ópera dos Três Vinténs* (1928), bem como *Ascenção e Queda da Cidade de Mahagonny* (1930) e *Santa Joana dos Matadouros* (1929-1931), que não foi encenada à época.

No início não havia um plano, mas uma multiplicidade de tentativas, os *Versuche*, a experimentação. Nisso reside a cruz desse fragmento. O *Material Fatzer* foi utilizado por Brecht em função de experimentos cuja metodologia e técnica eram de tipos diferentes. Encontramos aí a tipologia dramatúrgica da peça didática, no sentido da "Grande Pedagogia", bem como uma outra tipologia dramatúrgica mais próxima das crônicas shakespearianas, de forma que há passagens de texto no *Fatzer* que lembram *Santa Joana dos Matadouros*, na qual alguns trechos foram utilizadas diretamente.

Brecht faz a crônica do: *Fragmento Fatzer*

Agosto, 1927, Brecht a Helene Weigel: "Estou trabalhando muito lentamente no *Fatzer*, mas não mal. Além disso, como sempre quando desocupado e órfão, sonetos pornográficos. Estarei presente em seus últimos ensaios, caso não esteja afundado no *Fatzer*... Agora no Uhu uma foto minha. Leio Tampico (romances da história universal) e o Novo Londres. Mande-me toda literatura marxista. Principalmente os novos cadernos da *História da Revolução*".

14 de agosto de 1927, Brecht a Helene Weigel: "Estou avançando bem com *Fatzer*. No mais absoluto tédio aqui".

Setembro/outubro de 1928, Brecht a Helene Weigel: "Aqui é tedioso até o desespero e trabalho. Esse *Fatzer* é um osso duro. Ainda estou construindo a moldura".

Outubro de 1928, Brecht a Herbert Jhering: "O *Fatzer* (do qual nem se cogita antes do ano que vem) está caminhando bem..."

*96*

Cartaz para *Decadência do Egoísta Johann Fatzer*, na encenação do *Berliner Ensemble*.

Novembro de 1928, Brecht a Helene Weigel: "Ainda devo ficar mais quatorze dias. Até lá espero ter um *Ur-Fatzer*. O papel feminino vai lhe agradar".

1929, anotação: *Fatzer* é incenável...

1930, anotação: A peça toda, já que impossível desmantelá-la para experimento sem realidade! para o auto-conhecimento.

4 de junho de 1930: Anúncio de jornal no *Münchner Neueste Nachrichten*: Bertold Brecht trabalha no momento com duas obras cênicas, o espetáculo *Johann Fatzer* e a comédia *De Nada, Nada Virá*. Além disso está trabalhando com uma versão para ópera *Schweik* e em um *libretto* para ópera, *A Padaria*, com música de Kurt Weill.

25 de fevereiro 1939: As primeiras a serem estudadas são o *Fatzerfragment* e *A Padaria*. Estes dois fragmentos são do mais alto *standard* técnico.

11 de junho de 1951, anotação no *Arbeitsjournal* (Jornal de Trabalho): "O que imagino, formalmente, é um fragmento em grandes e rudes blocos".

1969-1972, primeiras pesquisas do *Fatzerfragment* por Reiner Steinweg (Steinweg, 1972).

13 de março 1976, estréia de uma seleção do *Fatzerfragment*, na Schaubühne, em Berlim sob a direção de Frank-Patrick Steckel.

1978, Heiner Müller escreve uma versão, a partir dos textos do *Fatzerfragment* para a encenação no Deutsches Schauspielhaus Hamburg de *Decadência do Egoísta Johann Fatzer*, de Bertold Brecht.

Março de 1978, encenação da versão de Heiner Müller, no Deutsches Schauspielhaus Hamburg, com a direção de Karge/Langhoff.

O teatro da Schaubühne, em Berlim, tentou reconstruir, a partir desse material um *Episches Schaustück*. Na encenação de Steckel (1976), *Fatzer* era um drama de retorno ao lar no estilo do cinema neo-realista italiano. A *Schaubühne* tentou reconstruir o texto a partir da versão deixada em 1927, mas que o próprio Brecht na realidade não mais queria quando se decidiu pela versão de 1929 (a qual também é incompleta).

A tentativa da *Schaubühne* de produzir uma peça épica de espetáculo a partir do *Fatzer-Material* não é mais ou menos legítimo do que aquela de construir a partir desses materiais um experimento com a peça didática.

Aquele que se ocupa pela primeira vez com o legado do material vê-se diante de um caos de seiscentas páginas de manuscritos que se revelam, ao serem examinados mais de perto, como novas versões de esboços inúmeras vezes corrigidos, anotações difíceis de serem decifradas sobre folhas soltas, sobre guardanapos, até sobre papel de embrulho.

*98*

Em absoluta desordem, representam as etapas de trabalho, muitas vezes com diversas camadas de correções, primeiros esboços de idéias, anotações, cacos de textos, esboços de fábulas e cenas, planos de peças e cenas, reflexões conceituais, coros e contra-coros, monólogos e diálogos – freqüentemente sem que se possa identificar uma ordenação clara. Em conjunto com os textos sobre a teoria da peça didática e com o planejado *Comentário Fatzer* (às quais também pertencem algumas das *Histórias do Sr. Keuner*), formam um grande emaranhado, difícil de ser desfeito sem um exame cuidadoso.

O caos ainda se torna mais denso, por observações cujo pertencimento ao *Material Fatzer* é duvidoso, por não conterem elementos de ação ou fábula. Não há seqüências de cenas, com uma única exceção. Em contrapartida, há uma série de cenas individuais isoladas umas das outras em diferentes versões, com numeração diferente e personagens que têm nomeações diversas. A sucessão é duvidosa, mesmo com ajuda dos numerosos planos para a peça. Tampouco esses planos oferecem direções para situar os coros e a ligação entre o plano de jogo e o plano do comentário.

*Fatzer* é um complexo de fragmentos, combinando em sua estrutura material dramático e reflexivo. Brecht diferencia entre o *Fatzerdokument* (Documento Fatzer) que fornece os textos dramáticos, as cenas, e o *Fatzerkommentar* (Comentário Fatzer), constituído por histórias curtas e textos teóricos. Explicita a função do Documento, em um texto que tem por título *Documento Fatzer* como objeto de investigação e aprendizagem:

> [...] o intuito com o qual um trabalho é realizado não é idêntico àquele com que será utilizado. Assim, o *Documento Fatzer* foi feito principalmente para o aprendizado daquele que escreve. Eu, que agora escrevo, não devo concluir nada. É suficiente que eu ensine a mim mesmo. Apenas coordeno a investigação, e o meu método, ao fazê-lo, poderá ser examinado no futuro.

O *Documento Fatzer* significa para Brecht um *Versuch* (experimento), ao qual atribui caráter científico. Experimentador e coordenador da investigação é, no primeiro momento, o próprio autor.

Ao *Documento Fatzer* pertence o *Comentário Fatzer*. O *Comentário Fatzer* contém dois tipos de indicações para os jogadores: as que se referem à representação e as que se referem ao sentido e à aplicação do *Documento*. O estudo das indicações sobre o sentido não é necessário para a compreensão das indicações sobre a representação e, portanto, desnecessário para a representação. O estudo das indicações sobre o sentido é até mesmo perigoso se não preceder o estudo das indicações para a representação. Devem ser lidas, portanto, primeiro as indicações para o jogo e, somente depois que o estudioso representou o documento, deve iniciar o estudo do sentido de sua aplicação. O estudioso deve imitar (copiar) a representação dos maiores artistas de seu tempo. Esta representação dos maiores artistas de seu tempo há de ser criticada verbalmente e por escrito pelo estudioso, devendo ser imitada tanto tempo até ser modificada por meio de crítica. Propostas para modificações de gestos e entonações precisam ser feitas por escrito; elas não devem interferir nos exercícios. Desta forma, também as indicações do comentário podem ser alteradas a todo momento. Elas estão cheias de erros! Aquilo que constitui uma virtude em nosso tempo não é utilizável no que concerne a outros tempos.

Brecht recomenda que as indicações que o *Comentário Fatzer* traz para a compreensão (e aplicação) do *Documento Fatzer* e de seu sentido não devem ser estudadas antes da representação (do exercício prático, por meio da atuação no jogo). Previne que o estudo das indicações sobre o sentido é até mesmo perigoso, se não for precedido da representação. O ensinamento não se processa, portanto, no plano meramente intelectual, em busca de um sentido ou de uma verdade, que estaria contida enquanto ensinamento no texto. O texto é o móvel para o processo de investigação. O estudioso é convidado a desenvolver uma crítica do *Comentário*, pois este é "cheio de erros" e até mesmo "não utilizável no que concerne a outros tempos".

Por intermédio da peça didática, Brecht propõe a superação da separação entre atores e espectadores e busca um novo público, fora da instituição teatral tradicional: alunos em escolas e cantores em corais. Brecht sublinha que a principal função da peça didática é a educação dos participantes do ato artístico coletivo. O aprendizado se dá pela atuação em cena e não da recepção estética passiva.

A peça didática aponta para uma prática pedagógica na qual o receptor/leitor passa a ser ator/autor do texto. A revisão do texto é parte integrante dessa tipologia dramatúrgica, sendo prevista pelo escrivinhador de peças a alteração do texto dramático pelos jogadores. As peças didáticas geram método, enquanto *modelo de ação* para a investigação das *relações dos homens entre os homens*.

Brecht almeja com a peça didática a transformação na recepção do teatro/literatura, pela participação ativa no processo de leitura e atuação. O texto é o *Handlungsmuster* (modelo de ação) do jogo teatral. A palavra *peça* gera equívocos, porque ela propõe uma dependência direta da significação sugerida pelo texto. Não esqueçamos, porém, que o termo *play* significa tanto jogo quanto texto dramático.

*Fatzer* é um laboratório de formas dramáticas e cênicas. De acordo com Heiner Müller (1986):

> [...] *Fatzer* é o maior esboço de Brecht e o único texto no qual, como Goethe com o material do *Fausto*, permitiu-se a liberdade da experimentação, desonerando-se da obrigação de forjar um produto perfeitamente acabado para as elites contemporâneas ou do futuro, de embalá-lo e entregá-lo a um público, a um mercado. *Fatzer* é um produto incomensurável, escrito como exercício de auto-compreensão. Ele tem a autenticidade do primeiro olhar sobre o desconhecido, o espanto da primeira aparição do novo.

O *Material Fatzer* é, por um lado, documento da tentativa quase desesperada de Brecht em submeter um conteúdo a uma fábula, a uma ação. Cinqüenta esboços de fábulas, sempre novos inícios e variantes, alguns elementos básicos que permanecem, poucas cenas desenvolvidas. É, porém, justamente o fracasso na tentativa de encontrar uma fábula o sinalizador para Brecht. O *Fatzerfragment* se efetiva, é mais rico e possui mais significado do que qualquer fábula possível.

Os *Kommentare* (comentários) não devem ser citados como portadores de sentido (da *mensagem* tradicional). O mesmo vale para os diálogos, que na terminologia brechtiana são chamados de *Dokumente* (documentos). A moral não pode ser citada a partir do modelo de ação. O modelo é objeto de crítica e modificação.

No experimento pedagógico, o jogo teatral e a representação simbólica não se realizam como algo definitivo. Ao contrário, no texto brechtiano, o teatro se mostra como teatro. O conhecimento é gerado por meio das diferentes versões de jogo com o modelo de ação e dos comentários dos jogadores. A orientação é para a dialética do processo e não para o resultado espetacular. O texto promove o caráter aberto de uma cadeia de experimentos, de um *curriculum*. O jogo da troca de papéis, sugerido por Brecht, é instrumento valioso nesse processo de conhecimento dialético. Dentro dessa concepção, atuar e ver não são posições fixadas, mas sim, funções cambiantes dentro do jogo.

Brecht procura fábula e estrutura ao escrever. O torso da peça se assemelha a uma coleção de esboços, um quadro que permaneceu informe. Antes da estrutura, encontrou o estilo.

Em um fragmento teórico intitulado "A Encenação do Fragmento é Justificada?" encontramos:

> É permitido perguntar se o esboço de uma peça deve ser encenada quando a mesma existe de forma mais completa. É permitido responder que por si só a grande importância do complexo *Fausto* justifica a encenação do *Ur-Faust*. Mas existe ainda uma outra justificativa. O *Ur-Faust* tem vida própria. Ele pertence, juntamente com *Robert Guiskarg*, de Kleist e *Woyzeck*, de Büchner a uma espécie de fragmentos muito especial. Eles não são incompletos, mas obras de arte, feitos na forma do esboço.

## O Acordo

Entre os esboços de Brecht, encontra-se um texto que narra a fábula da peça.

> Em Müllheim, no Ruhr, ocorreu, no tempo despido de toda moral da Primeira Guerra, uma história entre quatro homens, que culminou com a total destruição de todos os quatro, mas que, em meio a assassinato, quebra de juramento e perversão, mostrava os rastros sangrentos de uma nova moral. No terceiro ano da guerra, desapareceram, durante o ataque diante de Verdun, quatro homens, a tripulação de um tanque. Eles foram julgados mortos e apareceram, no início de 1918, secretamente em Müllheim, onde um deles possuía um quarto num celeiro. Diante da ameaça constante de serem presos e executados como desertores, era-lhes difícil arrumar o sustento, tanto mais quanto eram em quatro. Decidiram, no entanto, não se separar, já que sua única perspectiva era que uma revolta do povo terminasse a guerra insensata e aprovasse a deserção. Sendo quatro, esperavam poder fomentar a revolta esperada. Durante duas semanas, procuraram, noite após noite, alguma possibilidade de garantirem o abastecimento. Somente perto do final da segunda noite, o mais esperto deles, Johann Fatzer, que os

*102*

havia aconselhado a desertar e os ajudara a fugir da prisão de guerra francesa trazendo-os de volta para a pátria, ou ao menos para bem próximo (suas cidades eram Liegnitz, Passau e Berlim) conheceu um soldado que lhes prometeu com camaradagem arrumar alimento do vagão. Na noite seguinte, os quatro deveriam aparecer, guiados por Fatzer, na estação ferroviária próxima às fazendas. Embora tudo tivesse sido combinado com detalhes, esse empreendimento, do qual tudo dependia, foi por água abaixo porque Fatzer se envolveu, no local combinado, em uma briga com alguns açougueiros, durante a qual foi abatido. Intimado a falar, usou desculpas e, quando os outros insistiram, recusou-se a dar qualquer resposta com a observação de que não devia resposta porque era um homem livre. Prometeu no entanto voltar na noite seguinte, o último prazo, já que o trem com os mantimentos partiria no dia seguinte. Mas nessa noite Fatzer tampouco apareceu.

O *Fragmento Fatzer* coloca-se no centro das reflexões de Brecht sobre as relações entre o indivíduo e a massa. A peça apresenta uma dupla estrutura de conflito. Por um lado, existe o grupo de homens com a realidade que os cerca. Esse grupo se separa dos processos sociais com que a sociedade está envolvida e pelos quais ela se identifica – a guerra (1917-1918) –, buscando sua identidade num microorganismo social autodeterminado.

Sua odisséia inicia-se com o equívoco do indivíduo Fatzer que acredita poder interromper individualmente a guerra. Ao separarem-se da massa para viver, perderam a vida. Eles não retornam nunca mais ao coletivo.

A esse conflito sobrepõe-se o choque dentro do grupo, entre o egoísta Fatzer e os outros três. O conflito termina com o assassinato do egoísta Fatzer pelos companheiros. Essa problemática da decisão individual contra a guerra já havia sido tratada por Brecht em *Tambores na Noite*. O conflito de Fatzer – a relação entre o individual e o coletivo – é o tema central das peças didáticas. Ele é retomado em *Vôo sobre o Oceano* e na *Peça Didática de Baden Baden sobre o Acordo*. Reaparece em *Aquele que Diz Sim/Aquele que Diz Não*, sendo radicalizado no mesmo ano, 1930, em *A Decisão*.

O termo *acordo* foi utilizado pela primeira vez por Brecht em 1929, na *Peça Didática de Baden Baden sobre o Acordo*. O fato de o termo entrar no título, demonstra o caráter fundamental deste conceito nas peças didáticas. Quatro aviadores, que enfrentaram o mar e as montanhas foram tomados pela febre da construção das cidades e do petróleo.

Nossos pensamentos eram máquinas e
Luta pela velocidade
Esquecemos diante das lutas
Nosso nome e nosso rosto
E diante da rápida partida
Esquecemos o objetivo de nossa partida

Caídos, pedem ajuda à multidão que assiste à sua agonia. Ao coro que intervém, perguntando se lhes deve dar água para beber e uma almofada para apoiar a cabeça, a multidão, que inicialmente manifestara uma disposição favorável, recusa ajuda diante da questão que lhe é proposta. "Eles ajudaram vocês?"

Os quatro aviadores são postos à prova pelo *exame se o homem ajuda o homem*. Os quatro aviadores devem se mostrar dignos de estar vivos. Este é o ponto de partida do processo de aprendizagem – a relação entre o progresso técnico e o desenvolvimento social é submetida a exame. Enquanto no *Vôo sobre o Oceano* o relato era dedicado ao inatingível, na *Peça Didática de Baden Baden sobre o Acordo*, esses termos foram substituídos por *aquilo que ainda não foi atingido*. O progresso técnico é incorporado ao processo histórico, que não conhece outro limite além do tempo. No primeiro exame, o coro demonstra as conseqüências de uma apropriação das descobertas, invenções e pesquisas científicas distantes de seu objetivo verdadeiro, que é aliviar e melhorar a vida social dos homens. O domínio da natureza não levou a uma libertação do homem.

Enquanto vocês voavam arrastava-se
um nosso semelhante no chão
não como um ser humano.

Dois outros exames evidenciam o ensinamento de que o homem não ajuda o homem. Depois que vinte fotografias mostraram como no nosso tempo homens fazem a carnificina de homens, o número de *clowns* demonstra a relação contraditória entre ajuda e poder. O caráter destrutivo da ajuda é apresentado de forma drástica. Dois *clowns*, Einser (Uno) e Zweier (Secundo), mutilam um gigante doente, o Sr. Schmitt. A bajulação inicial transforma-se em dominação cínica da vítima – ao gigante indefeso são serrados os membros, as orelhas e a cabeça. O processo de aprendizagem mostra: a necessidade de ajuda provoca o poder; o poder determina a situação que torna a ajuda necessária. O processo de aprendizagem é concluído pela negação de ajuda – um comentário que tira as conclusões político-sociais do princípio abstrato desse exame.

Portanto vocês não devem pedir ajuda,
mas eliminar o poder
Ajuda e poder formam um todo
E o todo deve ser modificado

A negação de ajuda expõe o segundo complexo temático do texto, o princípio do *Einverständnis* (estar de acordo). Também *Aquele que Diz Sim/Aquele que Diz Não* retoma o ensinamento sobre estar de acordo.

Importante sobretudo é aprender a estar de acordo
Muitos dizem sim, e no entanto não há acordo
Muitos não são perguntados, e muitos
Estão de acordo com aquilo que está errado. Por isso
Importante sobretudo é aprender a estar de acordo.

Assim como na *Peça Didática de Baden Baden sobre o Acordo*, Brecht retoma literalmente uma parte do texto do *Vôo sobre o Oceano*, a versão *Aquele que Diz Não* retoma grande parte do texto *Aquele que Diz Sim*. Em *Aquele que Diz Não*, no entanto, só aparentemente se apresenta um comportamento contrário (o que levaria a uma visão maniqueísta dos opostos). Brecht introduz nesta segunda versão outras variáveis independentes. Até a data da publicação da edição crítica de *Aquele que Diz Sim/Aquele que Diz Não* (Szondi, 1966) a mudança do pressuposto da expedição não surge claramente explicitada na maioria dos textos críticos sobre a peça. O motivo para a expedição, na versão *Aquele que Diz Não*, não é mais a ameaça de epidemia que pesa sobre toda a população da cidade, mas sim, a pesquisa, ou seja, um estudo com os professores que se encontram do outro lado das montanhas. A mãe do garoto está doente e ele quer acompanhar a expedição para buscar remédio e conselho na cidade que fica além das montanhas. Também nessa versão o garoto adoece e os participantes da expedição lhe perguntam se está de acordo em ser atirado ao despenhadeiro. O garoto responde:

Quem diz a não precisa dizer b. Pode reconhecer que a estava errado. Eu queria buscar remédio para minha mãe, mas agora eu mesmo fiquei doente, portanto não é mais possível. Quero retornar imediatamente, diante da nova situação [...] E no que se refere ao velho costume, não vejo razão nele. Precisamos de um novo grande costume, que devemos introduzir imediatamente, o costume de pensar de novo a cada nova situação.

Em *A Decisão*, Brecht utiliza estruturalmente a mesma fábula como em *Aquele que Diz Sim*. Quatro pessoas mais velhas e um jovem partem em expedição para ajudar outros; a expedição é perigosa, seu sucesso é posto em risco por causa da fraqueza do jovem. Enquanto em *Aquele que Diz Sim*, ao subestimar sua força física, o menino sucumbe, *A Decisão* trata da execução de um revolucionário por seus camaradas. Entre os homens que chegam à China para preparar a revolta, está um jovem inexperiente – um camarada fraco. Ele comete erros (ter piedade, por exemplo). Embora ofereça a alternativa de retornar, a sua presença é imprescindível para a expedição. Comete, então, o erro mais grave: fere a lei da ilegalidade/anonimato; em meio à luta, tira a máscara e se identifica como revolucionário.

Vi demais. Não vou silenciar por mais tempo. Por que silenciar ainda? Se não sabem que têm amigos, como irão se erguer? Vou à frente deles. Identificando-me, direi a verdade. (Ele tira a máscara e grita). Viemos ajudá-los!

A ação tem duplo significado: ao tirar a máscara o Jovem Camarada não trai apenas seus parceiros. O gesto representa a traição de um modelo de comportamento. A incapacidade do Jovem Camarada para pensar dialeticamente o conduz à situação extrema. Questionado por seus camaradas, concorda em proceder à anulação física de si mesmo – única forma de eliminar seu rastro, que se tornou letal para o movimento. Ele está de acordo com a sua própria morte como a única decisão possível. Seus camaradas o atiram dentro de uma mina de cal. O rastro foi anulado, o erro corrigido, a ação se realiza com êxito. De volta para casa, os

*106*

camaradas submetem-se ao tribunal do partido e são absolvidos. "Estamos de acordo com vocês." A palavra *Einverständnis* ou o adjetivo correspondente aparece quinze vezes no texto.

O princípio do acordo implica na relação entre possuir e perder. A renúncia é exercitada dialeticamente, sendo objetivo da aprendizagem aprender a morrer em nome do coletivo. No *Comentário Fatzer* lê-se, no texto que tem por título "Todeskapitel" (Capítulo da Morte):

quando o pensador enfrentou a grande tempestade ele estava sentado em uma carroça e ocupava muito espaço. a primeira coisa que fez foi descer da carroça. a segunda foi tirar o munto. a terceira, deitar-se no chão. assim o pensador superou a tempestade na sua menor grandeza.

Nos textos de comentário da *Peça Didática de Baden Baden sobre o Acordo*, encontramos:

Quando o pensador venceu a tempestade, ele a venceu porque a conhecia e estava de acordo com ela. Portanto, se quiserem vencer a morte, só a vencerão quando conhecerem a morte e estiverem de acordo com ela. Mas quem tiver o desejo de estar de acordo, se prenderá apenas à pobreza. Não se prende às coisas. As coisas podem ser tiradas e então não haverá mais acordo. Ele também não se prende à vida. A vida lhe será tirada e então não haverá acordo. Ele também não se prende aos pensamentos. Os pensamentos também podem ser tirados e então também aí não haverá acordo.

## O Homem de Massa

Em *Fatzer*, Brecht lida com a problemática do surgimento do homem massa, que começava a se anunciar no início do século XX, ligado ao desenvolvimento das grandes cidades. Brecht retoma a temática do progresso, através da admiração de Fatzer pelas grandes cidades de vinte andares, construídas pelos homens do outro lado do Atlântico:

Fatzer lê o jornal
aqui há uma foto
da cidade de Nova York
que nós construímos
do outro lado

*107*

do oceano atlântico, uma nova
cidade com o nome de Nova York
casas como montanhas de cobre
e a dourada eletricidade
ilumina as noites
isso foi feito
por nossa geração

Em *Fatzer*, assim como na *Peça Didática de Baden Baden sobre o Acordo*, o homem moderno que explora a tecnologia não está a serviço do homem.

quero saber
em que lugar do mapa
dessa ensangüentada, incompreensível, amaldiçoada crosta terrestre
viemos parar
o que há para comer aqui?
que tipo de pessoas vivem aqui?
quantas ainda estão vivas?
estou pressentindo que ainda vamos ficar muito tempo por aqui
em um país onde não existe honra

todos são desonrosos. repleto de lama até o pescoço
vai reclamar quando um passante
não tirar o chapéu diante de você?
não sei quem vence
nessa luta
a partir de agora e por algum tempo
não haverá mais vencedores
nesse mundo, mas apenas
vencidos

seja lá o que virem, no final
vocês vão ver o que nós vimos
desordem
nós estávamos em discórdia
decidam vocês
ao pronunciar as palavras e
ouvir os coros

No texto cujo título é *A Mecânica*, o espírito do homem de massa é anunciado:

o que vocês não compreendem é a mecânica
a insana vontade
de ser como rodas

se pisássemos com uma bota
no seu rosto, não perceberiam.
Seu rosto é como casco de cavalo
não muda. não são nada
eu não quero ser assim.

O que permanece é o centro de temor, o medo que anuncia os novos tempos. Fatzer se recusa a perder sua personalidade, ele não está de acordo em atingir a sua menor grandeza e defenderá até o fim sua individualidade. Ele recusa integrar-se em um grupo que o explora e não admite ser reduzido àquilo que é útil para a coletividade. Recusando-se a morrer, afirma sua identidade:

ei!
onde estão? aqui!
eu sou Fatzer
há alguém aqui
que em mim atire
eu sou a merda
em mim
podem atirar
ei!

A atitude anárquica de Fatzer é manifesta:

para vocês não faz diferença
que a chuva caia de cima para baixo
isso me é insuportável
para vocês não faz diferença
que no alfabeto
depois de A venha B

vocês aprovam
o que para mim é insuportável

Fatzer, o mais consciente dos quatro protagonistas, o mais forte física e intelectualmente, é a personagem que tem as maiores dificuldades em se submeter à disciplina do grupo. Ele se torna assim o terreno para o enfrentamento entre o indivíduo e o coletivo, liberdade e submissão. Habituado a obedecer cegamente, ele não havia tomado até então consciência de sua individualidade. Uma vez libertado de sua alienação,

*109*

ele se recusa a submeter-se novamente a uma lei coletiva. Ele rejeita a manipulação, na cena intitulada "Passeio de Fatzer pela Cidade":

> a todos os homens pertencem o ar e a rua
> andar livremente na corrente de transeuntes
> ouvir vozes humanas, ver rostos.
> minha vida é curta e logo finda entre aqueles que caminham
> não serei mais visto. mesmo na luta preciso respirar
> comer e beber. talvez a luta dure eternamente
> mais do que eu.
> um homem destruído.
> Os Três andando atrás dele
> não continue, Fatzer, você não anda
> sozinho. você respira o mesmo ar
> e encurta nossos anos.
> enquanto amordaçam Fatzer e o amarram e arrastam
>
> nós o amarramos
>
> para que não possa andar por aí
> é preciso uma corda em volta do pescoço
> para que fique esperto.

Fatzer rejeita todos os valores antigos e cultiva sua independência, seu individualismo, sua impulsividade, seu egoísmo, em nome da liberdade. Fatzer é um Prometeu, que traz para os homens a consciência de sua alienação. Ele não sustenta, no entanto, a promessa de reverter a situação, simbolizada pela carne. Então é traído, não pelos deuses, mas por seus pares que ele engana ao não cumprir a ação libertária. Na cena intitulada "Três Esperam por Fatzer":

> noite. esquina.
> três esperam por Fatzer
> a chance desaparece
>
> FATZER – aconteceu um imprevisto
> MELLERMANN – e amanhã?
> FATZER – estarei aqui
>
> KIAUL – acontecerá um imprevisto?
> FATZER – não
>
> noite seguinte, mesma esquina
> três esperam por Fatzer
> a chance desaparece

É como se ele tivesse dado o fogo aos homens, sem revelar como dele servir-se. A corda é um símbolo recorrente ao longo do fragmento "A Corda":

(*Os três enquanto amarram Fatzer com uma corda*)
para que você não possa andar por aí como outros homens
nós o amarramos. pois as suas andanças
são a nossa perdição. é preciso uma corda em volta do pescoço
para que fique esperto
não se trata de castigo
mas de ajuda
(*Fatzer ao pé da cama*)
agora consegui ao menos
que me soltassem do pé da cama. agora que já não
sou mais um cachorro amarrado vou perdoá-los pela
sua tolice
antes da decadência de vocês apareçam
hoje à noite no horário já conhecido naquele mesmo lugar
ali vai acontecer o passeio de Fatzer pela cidade.

Os três parceiros de Fatzer tentam dominar a sua força para colocá-la a serviço da coletividade, mas Fatzer se recusa. Ele pleiteia pelo seu espaço livre, pela sua vontade própria e é amarrado à cama para permanecer obediente à vontade do coletivo. Essa recusa, positiva de início, já que lhe permite revoltar-se contra a exploração, torna-se nefasta durante o processo de liberação. No texto que tem por título "A Bourcheoisia", as duas linhas opostas têm cada qual atrás de si seu inimigo comum, a burguesia.

esta é a bourcheoisia
isto sou eu
x
este é o inimigo
/ na parede do tanque /
FATZER – isto sou eu e aqui há contra mim
imóvel uma linha, isto são
soldados como eu, mas meu inimigo
e aqui vejo
de repente uma outra
linha que está atrás de mim ela também
é contra mim o que é isto
são aqueles que enviaram
isto é a bourcheoisia

*A Função do Coro*

O interesse do *Fragmento Fatzer* reside na experimentação de uma concepção ainda em gestação que, na sua imperfeição, é mais próxima da utopia brechtiana do que as obras acabadas, que se tornaram clássicas.

A modificação fundamental concerne à estrutura. Não é possível estudar o *Fragmento Fatzer* como uma peça tradicional, pelo fato de Brecht nunca ter ordenado o texto que permanece para a pesquisa em estado bruto. Se não é possível analisá-lo como um todo, como uma obra acabada, os elementos isolados revelam, no entanto, as preocupações estéticas do autor na véspera de seu exílio da Alemanha.

Encontramos, por meio das diferentes utilizações do coro, os princípios teóricos que Brecht irá sistematizar mais tarde. Sem cessar o coro chama a atenção para o desenvolvimento da ação e as causas da tragédia:

> mas depois do acontecido, havia
> desordem. e um quarto
> totalmente destruído, e dentro dele
> quatro homens mortos e
> um nome! e uma porta, sobre a qual estava escrito
> algo incompreensível
> agora podem ver
> o todo. o acontecido, nós
> o reproduzimos
> seguindo a seqüência dos acontecimentos e
> com as palavras precisas, que
> foram pronunciadas. e seja lá o que virem, no final
> vocês vão ver, o que nós vimos
> desordem. e um quarto
> totalmente destruído, e dentro dele
> quatro homens mortos e
> um nome. e nós o construímos, para
> que vocês decidam
> ao pronunciar as palavras e
> ouvir os coros
> sobre o acontecido, pois
> nós estávamos em discórdia

O que torna esse texto particularmente interessante é que no curso de sua elaboração, a teoria é acompanhada da prática. O coro é a materialização do pensamento de Brecht. O coro oferece assim, por meio do comentário, o método do escritor que pela experimentação está testando formas de encenação do texto. "Eu, aquele que escrevo, não devo concluir nada e é meu método, ao fazê-lo, que irá interessar no futuro" (Brecht, in Koudela, 1991).

A atitude do receptor do texto interessa a Brecht já na primeira versão do fragmento. O coro é constituído por um grupo de iniciados, que expõe as regras do jogo e convida o espectador a participar da representação. Ele realiza seu papel didático, introduzindo o espectador em uma forma nova de teatro. O espectador, por sua vez, tem a necessidade de um guia. O coro tem a função de torná-lo um espectador ativo.

O coro exerce também uma função pedagógica no interior da fábula, na qual intervém constantemente. No início é Fatzer quem desperta a consciência de seus companheiros. Quando, porém, falha na tarefa, é o coro quem assume o comando:

quem é o coro?
antes do fim:
mas também ele é um
homem como vocês!
com expressão indeterminada
por demais cedo endurecido, cheio
de iniciativa
manifestou muito:
não o avaliem por aquilo que disse
logo pode modificá-lo...
nada de definitivo vocês viram e
tudo se modificou, antes de ser consentido
por que o tomam pela palavra?
aquele que tomam pela palavra
será aquele que os decepciona!

a partir de agora e por algum tempo
não haverá mais vencedores
nesse mundo, mas apenas vencidos

O coro corrige o *croquis* Fatzer que, não tendo consumado seu ato, tinha uma consciência imperfeita da situação. Keuner, o pensador das *Histórias do Sr. Keuner* é o porta-voz do erro que ele cometeu:

você Keuner reconheça
o erro que cometeu
ainda uma vez vá até o tanque de guerra
e corrija o desenho da posição de vocês

O coro vê mais do que o indivíduo. O coro faz a intermediação entre a instância do observador e aquele que está imerso na cadeia de acontecimentos. Tarefa do espectador ativo é o confronto. Ele é convidado a acompanhar os acontecimentos como um experimento.

O coro tem, portanto, uma dupla função. No plano da ação, na fábula, ele assume a dianteira da situação, fazendo o comentário sobre Fatzer, que se revelou incapaz de assumir a condição de líder que prometera de início.

Brecht, que passa nesse momento por um processo de mudança ideológica, busca novos métodos. A experimentação dramática e cênica com os coros é sobretudo a manifestação de um pensamento em formação, do exercício da dialética marxista.

Outra função assumida pelo coro é o papel de espectador modelo, mostrando para a platéia o que dela se espera nesse novo teatro. Ele é o guia nessa nova tarefa do espectador como juiz, participante, co-produtor. O coro tem a função de iniciador na arte da *Zuschaukunst* (a arte de ser espectador). Brecht pretende um espectador literarizado, ou seja, um espectador que também é um pesquisador, um pensador.

Na peça *De Nada, Nada virá*, também escrita nesse período, os atores carregam o pensador em uma maca para o palco. No prólogo há um diálogo esclarecedor do papel do filósofo, no sentido de Brecht.

ATORES: Explique para a platéia o que acontece aqui no palco. Não está acostumada com o pensamento no teatro.

PRIMEIRO ATOR: Atores como nós existem muitos.

SEGUNDO ATOR: Nem tantos.

PRIMEIRO ATOR: Mas existem uns tantos. Mas público existe aos montes.

SEGUNDO ATOR: Nem sempre.

PRIMEIRO ATOR: Às vezes. Mas raramente um pensador vem até aqui.

O interesse do *Fragmento Fatzer* reside justamente em colocar em evidência o processo de elaboração de um pen-

*114*

samento, a experimentação com o método dialético, em função de uma ação política.

Mais de vinte anos depois, voltando ao caráter pedagógico de *A Decisão*, em entrevista a Pierre Abraham, Brecht declara:

– Esta peça não foi escrita para ser lida. Esta peça não foi escrita para ser assistida.

– Para que então ?

– Para jogar em grupo. Ela foi escrita para grupos de jovens que queiram estudá-la. Cada um deve passar de um papel ao outro e assumir, sucessivamente, o lugar do acusado, dos acusadores, das testemunhas, dos juízes. Nessas condições, cada um deles irá submeter-se ao exercício e à discussão, terminando por adquirir a noção prática da dialética [...] é preciso prevenir que não se deve procurar nelas tese ou antítese, argumentos a favor ou contra tal ou tal opinião, mas exercícios de agilidade, destinados àqueles atletas do espírito como devem ser bons dialéticos.

– Quer dizer que o senhor oferece um método de treinamento, um tipo de ginástica preparatória para esportistas cuja musculatura se tornará mais robusta e mais flexível e poderá ser utilizada em suas próprias *performances*? E o senhor não quer preocupar-se em saber se trata-se de correr, saltar, jogar futebol ou andar de bicicleta?

– Exatamente [...]

## Heiner Müller e o Fragmento Fatzer

Por Heiner Müller, o novo tipo de dramaturgia começa a interferir também na história da literatura alemã de pós-guerra. Heiner Müller é um dos mais avançados e radicais dramaturgos europeus da pós-modernidade. Nascido em 1929, residiu na República Democrática Alemã – embora possuísse livre trânsito entre os dois lados do Portão de Brandenburgo – "só porque sou um artigo de exportação". Seus textos refletem a esquizofrenia alemã posterior à Segunda Guerra. "O terror sobre o qual escrevo é a Alemanha." Na *Hamletmaschine* faz uma confissão (Müller, 1975):

Na solidão dos aeroportos
Eu respiro aliviado. Eu sou

Um privilégio
Protegido por muralhas
Arame farpado prisão.

Heiner Müller dá seqüência à série dos experimentos com a peça didática, registrados por Brecht nos *Versuche*. Escreveu *Gegenstücke*, contra-peças, aos textos de Brecht. *Mauser* (1974-1989) é uma réplica à *A Decisão* (Brecht, 1996), e *O Horácio* (1974-1989), a *Horácios e Curiácios* (Brecht, 1996). Na versão de Heiner Müller intitulada *Decadência do Egoísta Johann Fatzer*, versão para cena de Heiner Müller (Müller, 1978), escreve na introdução:

No primeiro caderno dos *Versuche* há um texto do *Fragmento Fatzer* editado. Esse eu li nos anos cinqüenta e desde então o *Fatzer* é para mim um objeto de inveja. Esse é um texto secular, pela sua qualidade literária, pela condensação. Essa qualidade tem a ver com o choque das grandes cidades [...] há por volta de quatrocentas páginas no *Arquivo Bertolt Brecht*[1], material difuso, às vezes há uma linha em uma página, às vezes uma página inteira, esboços de diferentes versões.

No quarto no qual trabalhava, esparramei as quatrocentas páginas e andava em meio a elas, procurando o que combinava. Também estabeleci relações nas quais Brecht não poderia ter pensado, um quebra-cabeças. O egoísta Fatzer, inicialmente uma figura de identificação para Brecht, foi desmontada cada vez mais, de uma versão para outra. Então Koch se tornou o protagonista. Na última versão, da qual só existem alguns esboços, Koch é transformado em Keuner, Fatzer é um complemento para Koch e vice-versa. Koch o terrorista, Fatzer o anarquista, Koch/Keuner a ligação entre disciplina e terror.

O que leva os companheiros de Fatzer a aliar-se a ele, não são os argumentos de Fatzer. Esses são mais fantásticos do que indicadores de caminho. Os homens seguem Fatzer porque ele é decidido, porque quer consumar algo que todos querem, mas nenhum pensou realizar. Sua proposta de não participar da situação, mas subvertê-la, é aceita.

Na cidade de Müllheim, Fatzer começa a experimentar suas possbilidades. Ele promete arrumar carne para alimentar o grupo. Fatzer não potencializa suas forças no coletivo dos camaradas. Utiliza a sua falta de opinião e iniciativa, por meio de

1. *Bertold Brecht Archivo*: compilação de material não-publicado.

116

promessas que não cumpre. Ele não teme aparecer diante de seus camaradas como grande homem. Quer provar a si mesmo que pode ir para onde quiser. Suas tentativas de experimentar as possibilidades humanas tornam a auto-realização criminosa. Ao alargar a liberdade conquistada por decisão e vontade própria, perde-se em ações egoístas e anárquicas. Seus passeios individualistas reforçam sua convicção de que não é igual aos outros. Sua vitalidade é para ele pretexto para ingressar cada vez mais no associal e na criminalidade.

Se Fatzer é o iniciador, o líder, Koch é amedrontado. Ele gostaria de esconder-se. Seu temor, porém, não é apenas medo. Diante de Fatzer, ele é também o pensador, o sábio. Brecht utiliza no seu manuscrito de forma idêntica os nomes Koch e Keuner. Keuner é o pensador das *Histórias do Sr. Keuner*. Seu temor é a inquietação, a sensibilidade do pensador diante das grandes modificações. Koch não julga apenas a sua situação insuportável, ele percebe as transformações que se anunciam como uma tempestade que se aproxima. O estado das coisas é para ele tão opressor que apenas uma mudança radical ainda pode salvar a continuidade da espécie humana.

Ao aliar-se a Fatzer, Koch sabe que nada contra a corrente, mas não vê outra saída. Toda sua energia está dirigida em influenciar Fatzer, cobrando dele uma moral coletiva, mas não tem sucesso. Ele procura reforçar a confiança dos camaradas em Fatzer, apesar de ser quem mais dele desconfia. Exige que permaneçam juntos. Enquanto, porém, para Fatzer nisso reside a fraqueza dos outros, Koch quer chegar à moral coletiva. Fatzer deve ser o motor do coletivo. Koch acredita poder salvar assim os outros que não estão à altura da situação, mas não consegue amarrar Fatzer a longo prazo. A corda com que Koch amarra Fatzer é uma metáfora filosófica. É uma demonstração do pensamento rousseau-hegueliano do autocratismo da vontade geral. O paradigma: Fatzer, que pleiteia pelo seu espaço livre, pela sua vontade própria, deixa-se amarrar à cama, permanecendo obediente à vontade do coletivo.

Koch mantém até o final uma atitude admirável. Seu dilema reside em não poder esclarecer a situação do grupo, nem para Fatzer nem para os outros. Não fica claro até o final se a aventura em que se lançou com os outros era considerada por ele perdida desde o início, ou se investiu um excesso de paciência em Fatzer. A contradição permanece.

A versão de Heiner Müller foi escrita para a encenação do Deutsches Schauspielhaus, em Hamburgo. Dirigida por Wolfgang Karge e Matthias Langhoff, a personagem Fatzer foi interpretada por Jürgen Holtz, sendo o elenco composto por atores das duas Alemanhas. Paralelamente, foi encenado com o mesmo elenco *Príncipe de Homburg*, de Heinrich von Kleist. Segundo Langhoff, na teoria da peça didática de Brecht existe um enorme potencial para utilizar o teatro, levando a sociedade a compreender a si mesma. A proposta para a montagem paralela das duas peças tinha por objetivo contrapor duas formas diferentes de entender a relação entre o indivíduo e o coletivo. Em *Homburg*, o príncipe se sujeita espontaneamente às ordens do estado, renunciando à sua individualidade. A peça apresenta um conceito de estado que conhece apenas disciplina e ordem como máxima suprema. Já em *Fatzer*, a relação com o coletivo se apresenta pelo egoísmo radical da personagem.

> Pensar é inimigo da vida. Há uma diferença entre pensar e ser, entre pensar e viver. Este é o paradoxo da existência humana. Flaubert disse que o individualismo é a barbárie. A conseqüência é o pensamento de Foucault, o humanismo é a barbárie, porque o humanismo pressupõe exclusão, seleção. A humanidade se coloca um objetivo, o caminho para o alvo exige controle, organização, disciplina, seleção. Quando se lida com a emancipação da humanidade, o inimigo é um inimigo da humanidade, portanto não humano. Esta é a questão fundamental. Mas como podemos abrir mão de colocar objetivos? Este é um pensamento com o qual crescemos. Como podemos aprender a recostar-nos para trás e aceitar as coisas como são, procurando regulá-las com parcimônia? Mas já nas palavras *regular* e *parcimônia* está o problema. Tudo caminha sempre com parcimônia, nada se resolve. Esta é a provocação do apocalipse, da revelação de João. Aí a questão é colocada pela primeira vez sendo depois delegada ao Juízo Final. (Müller, 1986)

O *Fragmento Fatzer* tem para Heiner Müller o mesmo papel da *Selbstverständigung* (auto-conhecimento), que tinha para Brecht. A versão de Heiner Müller situa-se em um momento de sua carreira em que se encontra diante da alternativa de desenvolver uma nova dramaturgia ou em renunciar a escrever para teatro. Do mesmo ano datam a famosa carta *Adeus à Peça Didática* e *Hamletmaschine* (Müller, 1986):

Adeus à peça didática
Querido Steinweg,

Procurei com irritação crescente, retirar do lodaçal de palavras (lodaçal é versão minha) sobre a peça didática algo útil para terceiros. A tentativa gorou, e nada mais me ocorre com relação à peça didática. Essas histórias não têm endereço. Aquilo que não tem endereço não pode ser encenado. Conheço hoje menos sobre o meu endereço do que em 1977. Hoje as peças são escritas para o teatro e não para o público. Não vou ficar fazendo figa para que surja uma situação revolucionária. Não sou filósofo e não necessito de um fundamento para pensar. Não sou arqueólogo e penso que devemos nos despedir da peça didática até o próximo terremoto. O tempo cristão de *A Decisão* já ecoou e a história transportou o processo para a rua. Os corais ensaiados já não cantam mais. E o humanismo só aparece em forma de terrorismo. O coquetel Molotov é a última experiência burguesa. O que permanece são textos solitários esperando pela história.

Para Heiner Müller, no *Fragmento Fatzer* a língua "escande o processo do pensamento, cujo movimento é aquele do pesquisador científico". Para ele, o *Fragmento* se reveste do caráter de uma "batalha de Brecht contra Brecht".

Também Müller adere ao princípio da participação do espectador no ato teatral. "Aquele que sentir a dor física através do jogo teatral terá feito uma experiência política". Da mesma forma, ele adverte nas notas para *Mauser*: "todos os membros do coro devem jogar sucessiva ou simultaneamente o papel de protagonista", pois o treino da habilidade (individual) de ter experiência é uma função do jogo.

Para Müller, o medo é um componente determinante da vida. "Medo é a condição da vida. Não é possível viver sem medo." A abordagem de Müller é física. Ele busca o nó de crueldade que perpassa a dramaturgia da peça didática. O *Fragmento Fatzer* revela o preço do *Einverständnis* (estar de acordo), o ser humano que é solidário da coletividade. O *Fragmento* Fatzer tira sua força vital da negação da negação que é ao mesmo tempo a aspiração do acordo.

Heiner Müller não celebra mais o *Einverständnis*. O tempo da estagnação, da ideologia petrificada, o tempo da repressão física do indivíduo torna inútil e impossível o acordo, o qual necessita de uma sociedade em movimento, revolucionária.

*A Guerra dentro de nós: Divisão ou Futuro?*

A experimentação cênica com o *Fatzer* foi realizada pelo grupo Angelus Novus de Viena (1985). No cenário da encenação (Storch, 1988) vemos um imenso saguão que tem as dimensões de um campo de futebol. O espaço é delimitado à esquerda e à direita por fitas de plástico vermelhas e brancas, iguais às que são utilizadas em obras de construção. À direita, vagões de trem em conserto. No fundo passam, a intervalos, trens de verdade.

A imagem de um cavalheiro da renascença, um lutador de dimensões gigantescas, foi estampado sobre um material transparente e iluminado. À sua frente um sofá no qual estão sentados dois atores com vestimenta burguesa. No saguão foram colocadas cadeiras, espalhadas aleatoriamente. Entre elas, algumas escadas e púlpitos.

De acordo com a descrição feita sobre a apresentação (Thomas, 1995), a ação corporal é uma coreografia. Em linhas, curvas, diagramas sempre novos, os atores caminham e correm pelo imenso saguão – todos vestidos em roupas de *rugby*, diferenciando-se uns dos outros apenas pelos números (7, 3, 9), declamando o *Fatzervers* (o verso Fatzer). O clamor se inicia à distância, cresce, aproxima-se da platéia, em meio a ela, com interrupções abruptas.

De acordo com Steinweg, que faz um depoimento como espectador do *Fatzer-Material*, do grupo Angelus Novus (Steinweg, 1987), o que provocava também a individuação do espectador era a possibilidade de sua participação sensório-corporal nos acontecimentos cênicos. Os espectadores tinham a possibilidade de estender o seu campo de ação para além das próprias cadeiras. Isso lhes era comunicado logo de início com toda clareza, gestualmente: em pequenos grupos eram buscados pelos atores que trajavam casacos de trabalho brancos e entregavam a cada espectador um casaco igual a esse. Durante as apresentações pedia-se que os espectadores se levantassem, andassem, acompanhassem os atores em suas caminhadas, experimentassem atitudes corporais. Os atores falavam com os espectadores, colocando às vezes a mão no ombro de um ou outro.

Cenário de *Fatzer*, do grupo Angelus Novus de Viena (1985).

# No depoimento de Steinweg, quando foi dito o texto

[...] a batalha não nos derrubou, mas no ar tranqüilo de um quarto silencioso nos matamos a nós mesmos:

Este foi o momento no qual, na terceira parte do jogo, não pude permanecer na cadeira, o momento em que fui conduzido como que por fúrias para o espaço do jogo: única possibilidade de resistir a essa verdade já antes sentida mas não refletida – suportá-la sem escapismos, tentativa de harmonização falsa ou embelezamento.

A encenação do grupo Angelus Novus se orienta a partir das seguintes reflexões de Brecht, escritas no mesmo período que o *Fatzer*, mas que são comentários sobre *De Nada, Nada Virá* (Brecht, in: Steinweg, 1995).

"O Maior Erro Seria o Grotesco"

Seriam pessoas em roupas brancas de trabalho, às vezes duas, às vezes três, tudo muito sério. Assim como acrobatas são sérios – eles, não *clowns* como modelos – então os acontecimentos poderiam ser absolvidos simplesmente como cerimoniais: raiva ou arrependimento como práticas. O terrível não pode ser, de forma alguma, uma personagem. Teria que ser ou qualquer outro da mesma forma como qualquer um pode se encontrar naquela situação. Assim como leitores lêem, esses jogadores devem jogar, sendo que ninguém interpreta algo determinado para si mesmo ou para outro. Todos se esforçam em expor algumas idéias básicas, como um time de futebol. É permitido que determinadas partes sejam recortadas do todo do texto. Todos agem e pensam no todo.

## A Peça Didática como Máquina da Fala

O experimento de Andrzej Wirth (1978), na Universidade de Stanford/EUA, colocou em prova as possibilidades de uma leitura coletiva com os leitores/atuantes que aprenderam (familiarizaram-se com o texto) e aqueles que não o conhecem.

Onze coordenadores leitores/jogadores e 33 não-iniciados convidados (relação 1:3) reunidos em uma sala durante uma hora e meia exercitam a leitura/atuação conjunta. O comentário nasce do texto que foi colocado sobre suportes para notas musicais espalhados pelo espaço. Os coordenadores, que possuíam um treinamento introduziram os não-iniciados nos seus rituais de leitura/atuação. A sua presença ativa e pré-estruturada impulsiona a máquina da fala.

O exercício iniciava com a leitura conjunta em voz alta de recortes do texto; nasce um bastidor sonoro que preenche o espaço todo, pulsando caoticamente; gritos, versos, perguntas, entonações, fragmentos, significados sem sentido, a sonoridade de um discurso indefinível.

Soa um gongo chinês de um coordenador, fazendo silenciar o caos sonoro; o coordenador anuncia, apontando para um quadro-negro, no qual está escrito um número, a primeira versão da primeira cena; forma-se uma roda, sendo que há agora uma transformação da fala em círculo; a máquina da fala rola e se transforma em uma máquina da fala espacial.

Os leitores/atuantes são chamados pelo seu próprio nome e não pelo nome das personagens. Um deles é chamado a fazer o Fatzer. Ele se chama Cyrus, escolhe alguns adereços de um baú e entra para o centro da roda. Cyrus desempenha papéis, ele não é uma personagem. Ele demonstra algo que não tem realidade, real é apenas a sua experimentação. Ele utiliza um diagrama que desenha no chão. O diagrama é corrigido por um outro leitor/atuante. A experimentação de Cyrus é executada como uma incumbência a todos. Ela não lhe pertence, sua atuação não é um monólogo, não é um solilóquio e também não é um diálogo com o círculo/coro. Suas falas não pertencem a ele, mas a todos os que ali estão reunidos, os participantes do ato artístico coletivo de leitura/atuação com o modelo de ação brechtiano.

Isto que é produzido lingüisticamente é um discurso. Fala sem transmissão, ou fala pontual, a expropriação do enunciado individual por meio da fala coletiva. A representação auditiva e corporal pode permanecer fragmentária pelo fato de partir de um texto e realizá-lo apenas pontualmente. A leitura reside no procedimento lúdico com o texto. A somatória das cenas episódicas, os comentários épicos, o estudo das diferentes versões.

As cenas, curtas, são representadas como um jogo de papéis com troca constante (também durante uma mesma cena!).

A maioria dos adereços, usados com parcimônia, têm função simbólica: o cordão que une o eventual intérprete de Fatzer com o círculo/coro (= ligação com o coletivo), os patins para os passeios de Fatzer, sua liberdade anárquica de movimento.

Na avaliação do experimento, Wirth comenta que o jogo conjunto entre iniciados e não-iniciados, que do ponto de vista pedagógico é valioso, transforma-se em problema difícil de ser resolvido no que tange à qualidade estética da realização. Brecht fala de *gelernte Chöre* (coros ensinados), na peça didática. O adjetivo seria redundante se ele não tivesse pensado na hipótese de coros não-ensinados. De qualquer forma, a música com efeitos de oratório da peça didática só pode ser realizada de forma limitada quando iniciados e não-iniciados atuam em conjunto. O experimento em Stanford foi uma leitura dramatizada do texto no espaço, com o intuito de as significações serem criadas no jogo de troca de papéis. O sentido do texto se realizava no contexto de uma situação de jogo concreta.

## 6. *O MALIGNO BAAL, O ASSOCIAL*

*Baal* é a primeira peça escrita por Brecht, sendo que veio a público quando contava vinte anos (1918) guardando fortes traços autobiográficos. Baal, talvez a mais querida *dramatis persona* do escrivinhador de peças, é um deus da felicidade, que renasce sempre, mesmo quando lhe são amputados os braços e as pernas. Baal é um poeta amigo de Rimbaud e Villon. Baal escreve poesias desregradas e as canta, acompanhado pelo violão, diante de carroceiros e outra gente humilde. Baal consome bebidas e mulheres. Seduz muitas garotas, às vezes duas ao mesmo tempo, traindo seus melhores amigos. Nada faz além de comer, beber e entregar-se ao prazer. Cansado das mulheres, depois de trocá-las por um amigo, termina matando-o por ciúme. Baal morre e renasce, declarando amor a si mesmo.

Anotações no *Arbeitsjournal* demonstram que dezoito anos mais tarde, Brecht ainda se preocupava com a sua estréia na dramaturgia. Em 11 de setembro de 1938, escreve:

*Baal*, de Caspar Neher.

Reli o *Baal* por causa da edição de obras completas. É uma pena. Sempre foi um corpo sem membros. Modifiquei-o várias vezes para as (duas) edições e a encenação. Com isto o sentido quase se perdeu. Baal, o provocador, o admirador das coisas como são, aquele que gosta de viver e deixar que os outros vivam. Seu enunciado "faça aquilo que te dá prazer!" poderia ter bons resultados se fosse elaborado. Pergunto-me se devo tomar o tempo para tal (é preciso salientar: as pequenas cenas da peça didática *O Maligno Baal, o Associal*).

Brecht diferencia a tipologia dramatúrgica do *Lehrstück* (peça didática) do *Episches Schaustück* (peça épica de espetáculo). O primeiro *Baal*, concebido como peça épica de espetáculo, é retomado em 1930 como projeto para uma peça didática.

Em outro registro no *Arbeitsjournal*, em 4 de março de 1939, Brecht volta a referir-se ao projeto. O texto tem por título impulsos associais:

hoje compreendi finalmente porque nunca consegui elaborar as pequenas peças didáticas sobre as aventuras do maligno Baal, o associal. Pessoas associais são aquelas possuidoras dos meios de produção e outras fontes de renda. Como tais são associais, como também o são seus auxiliares e os auxiliares dos auxiliares, mas apenas como tais. É este o evangelho inimigo da humanidade, o fato de existirem impulsos associais, personalidades associais etc.

Em outra anotação no *Arbeitsjournal*, em 7 de março de 1941, Brecht faz um novo comentário sobre *O Maligno Baal, o Associal:*

o grande erro, o que me impediu de realizar a peça didática *O Maligno Baal, o Associal* provinha da minha definição de socialismo como uma grande ordem. É preciso defini-lo, no entanto, de uma forma mais prática, como uma grande produção. Produção pode ser entendida naturalmente no sentido mais amplo. A luta é dirigida à libertação da produtividade, de todos os homens, de todos os grilhões. Os produtos podem ser pão, lâmpadas, chapéus, peças musicais, partidas de xadrez, irrigação, beleza, caráter, jogos etc.

Surpreende a freqüência com que se encontra nos escritos da teoria da peça didática o termo *associal*. As peças didáticas são *Handlungsmuster* (modelos de ação) "associais, mas altamente qualificados", segundo Brecht. *O Maligno Baal*

*Baal*, de Caspar Neher.

não esconde sua atitude atrás de uma ideologia cristão-demo-crática. Sua atitude é *pré-ideológica*, na formulação de Heiner Müller, em comentário sobre o *Fatzer*.

A dramaturgia de Brecht é povoada de personagens associais. É significativo que a pequena história do Sr. Keuner – o garoto indefeso – tenha sido incorporada ao fragmento *O Maligno Baal, o Associal*.

Benjamin lembra como Brecht imaginava a entrada em cena do Sr. Keuner: "seria trazido em uma maca para o palco". Segundo Benjamin, mobilizar esse pensador a existir em cena é a aspiração do teatro épico. O pensador de Brecht possui traços de sabedoria chinesa e um objetivo que não abandona nunca – o novo Estado. Confúcio é seu ideal.

Ao passar em revista as personagens de Brecht, Benjamin busca aqueles que evidenciam de maneira mais clara as intenções do autor:

os senhores talvez se lembrem de que falei dos perigos no trabalho de Brecht. Eles estão na personagem do Sr. Keuner. Já que visita diariamente o poeta, deve encontrar-se, assim o esperamos, com outros visitantes, muito diferentes, que exorcizam os perigos que ele traz para o poeta. De fato ele se encontra com Baal, Mackie Messer, Fatzer, todo o bando de *hooligans* e criminossos que povoam as peças de Brecht e são os verdadeiros cantores de seus *songs*. Toda essa atmosfera remonta ao período inicial de Brecht, o de Augsburgo, em que ele descobria, na companhia de seu amigo e colaborador Caspar Neher dentro de melodias singulares e estribilhos rudes e lancinantes, os motivos de suas peças futuras. Deste mundo provém o bêbado poeta-assassino Baal e também o egoísta Fatzer. Seria, porém, um erro considerar que essas personagens interessam ao autor apenas como exemplos negativos. O envolvimento de Brecht com Baal e Fatzer é mais profundo. Sem dúvida, representam para ele o elemento egoísta, associal. Mas é intenção constante de Brecht apresentar o tipo associal, o *hooligan*, como revolucionário virtual.

Segundo Benjamin, Brecht transfere o princípio teórico de Marx, de que a revolução deverá emergir das contradições na sociedade capitalista, para a esfera humana.

Ele quer fazer nascer o revolucionário a partir do tipo mau e egoísta em si, sem considerações éticas. Assim como Wagner cria o homúnculo na proveta, a partir de uma mistura mágica, Brecht quer criar o revolucionário a partir da vileza e da vulgaridade.

Também no texto da peça didática o poeta Baal provoca, convidado pelo comerciante para cantar suas canções, um escândalo. Também aqui as mulheres se rendem a ele que quer se tornar uno com a natureza. Brecht introduz uma cena – Baal e os dois trabalhadores – na qual se trata, tal qual no convite do comerciante burguês de comida e arte. Os trabalhadores no fragmento, porém, não aceitam Baal. Eles preferem comida quente à sua cantoria, comem em lugar de aplaudir e não se deixam comover pela sua decepção e raiva. Os interesses materiais dos trabalhadores são mais fortes do que a atitude estética e associal de Baal.

Nos versos finais do fragmento, o poeta acusa a si mesmo como inimigo de Baal, cuja voz maligna perpassa o seu relato e o incrimina:

mas nisso o maligno Baal o associal é grande
na descrição do relato de seu inimigo
sua voz perpassa
a minha
me penalizando
pela minha alegria
quando ele explorava os exploradores
e tirava proveito dos atravessadores
eu o teria maltratado
pois ele fazia escárnio de minhas leis
por isso ele pode ser penalizado
por isso é chamado o associal
ao fazer exigências baratas a ele
o estado perfeito seria explorador.

Brecht mostra admiração e respeito pela sua *dramatis persona* – a grandeza de Baal reside na sua resistência. O escrivinhador de peças esbarra nesse texto na contradição para ele insolúvel, entre a busca da felicidade individual, prazer e sensorialidade por um lado e igualdade social, coletivo e justiça por outro, chegando à "luta de material Brecht contra Brecht", como Heiner Müller denomina a contradição do escritor. O deus da felicidade foi depois exilado por Brecht, enfraquecido pela sua aliança com o racionalismo. Baal é ameaçado pela ascese e moral coletivas.

*O Maligno Baal, o Associal* e *Decadência do Egoísta Johann Fatzer* esbordoam na contradição do autor. Os dois projetos permaneceram inacabados, embora seu resgate por Heiner Müller na pós-modernidade confira à peça didática um caráter premonitório. A incompletude na forma do *fragmento* favorece processos de encenação que privilegiam essa proposta estética e pedagógica de vanguarda. Uma derrota do autor? Sua redenção?

O que fica é o desafio para enfrentar os destroços, detectando as *atitudes associais* exteriores e aquelas que ainda hoje estão interiorizadas... os espaços em branco nos fragmentos deixam espaço para nós.

O fragmento *O Maligno Baal, o Associal*, cujo texto traduzi para o português, foi encenado pela Cia. Razões Inversas, com direção de Márcio Aurélio (1998), que lhe imprimiu o caráter de peça épica de espetáculo.

Deve ser creditado ao caráter performático da direção o resultado cênico bem-sucedido. A encenação de Márcio Aurélio, que vem trabalhando com a dramaturgia do fragmento de Müller, transformou o texto de Brecht em material incandescente, sendo que as cenas eram reveladoras da nossa contemporaneidade.

Da mesma forma como Brecht trabalhou com variadas técnicas que tinham por pressuposto diferentes platéias, com objetivos diversos, os próprios fragmentos das peças didáticas podem ser trabalhadas hoje tanto na direção da peça épica de espetáculo como por meio de experimentos pedagógicos com a peça didática. No presente trabalho, analiso as possibilidades de *O Maligno Baal, o Associal* como experimento pedagógico por meio da proposta do ato artístico coletivo.

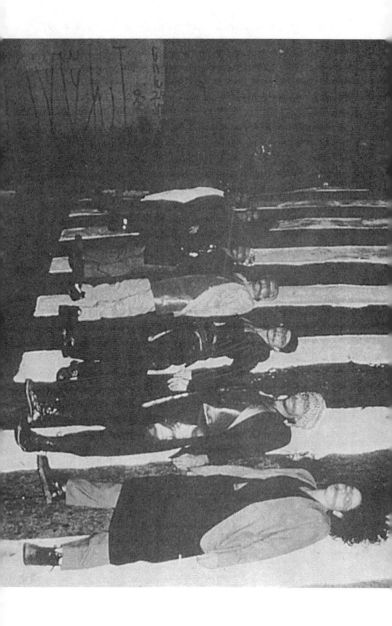

*O Maligno Baal, o Associal*, na encenação da Cia. Razões Inversas. Foto: Tika Tiritilli.

ANEXO

*O Maligno Baal, o Associal\**

  por volta de 1930
                    *Primeiro turno*

*Capítulo 2 B6.1*

Baal
entrar em cena como
hóspede
prostituta
juiz
comerciante (touros)

---

\* Tradução de Ingrid Dormien Koudela. A grafia e pontuação do texto foram mantidas de acordo com o original. Bertold Brecht, *Baal Der böse Baal der Asoziale*, Frankfurt, Suhrkamp, 1994, pp. 78-91. (N. da T.)

engenheiro (quer apenas o experimento)
necessitado-pedinte (ele explora a vontade de ser explorado)
amante da natureza
demagogo
trabalhador (fura-greve)
mãe
historiador
soldado
amante (cena dos aprendizes de padeiro em A Padaria)*

como padre
como funcionário
os 2 mantos

*Capítulo 3 B6.2*

Baal
a resposta do maligno Baal o associal à pergunta como lhe parece o andamento das coisas: "maravilhoso" as providências tomadas pelo comerciante para a recepção festiva de Baal
1) pôr a mesa
2) maquiar a mulher (você deve parecer primeiro insignificante com um vestido caseiro depois pomposa)
3) o convite dos hóspedes famosos; do jovem homem, do famoso físico, do jornaleiro etc.

apresentação do coral com o instrumento do comerciante por desconfiança e para examinar se o louvor do comerciante é de fato sério o maligno Baal o associal arrebenta o instrumento diante de seus olhos o interrogatório a sociedade constata através de pequenas perguntas gentis se o talento do maligno Baal pode ser aplicado com proveito para a sociedade o restabelecimento da verdade pelo jovem homem Baal

---

* Brecht refere-se à obra *A Padaria* (Brecht, 1995), considerada por ele modelar "[...] e altamente qualificada do ponto de vista técnico". (N. da T.)

*Capítulo 4 B6.3*

O Anfitrião – esperamos pelo Sr. Baal. nós o recebemos bem
por causa do seu talento.
A Mulher – a comida está preparada. quem come bem, caga
bem.

*Capítulo 5 B6.4*

louvor à canção
a avaliação positiva da palestra
o agradecimento do anfitrião
O Jornaleiro – vamos falar com ele?
O Comerciante – esperemos mais um pouco até que o hóspe-
de tenha louvado o instrumento
o despedaçamento do instrumento
Baal – minha canção estava bem, comerciante?
O Comerciante – estava muito bem
Baal – você gosta?
O Comerciante – eu gostei muito
Baal – agora vou arrebentar uma corda do seu instrumento,
porque gosto de fazer isso: diga mais uma vez, comercian-
te, você gostou da minha canção?
O Comerciante – traz uma corda nova. eu gostei da canção.
*sorri,* Baal arrebenta a segunda corda.
Baal – você ainda diz que gostou do canção? *o comerciante
silencia*

*Capítulo 6 B6.5*

Baal
a reconstituição da verdade pelo jovem homem
Baal – quando chega o verão, o ar fica mais quente e os dias
mais curtos
Jovem Homem – quando chega o verão, o ar fica mais quente
e os dias mais longos a advertência do jovem homem
pelo anfitrião

o despedaçamento da toalha de mesa

ao final: lhe são trazidos o chapéu, a bengala, abrem-lhe a porta
Baal sai
a purificação da casa

*Capítulo 7 B6.6*

aí ouve-se falar da mecânica. e temos medo da mecânica. o medo anuncia o que está por vir. o pensador não é contra a mecânica. o pensador também não esquece a mecânica. Sobre "chamar a atenção" estar de acordo significa também não estar de acordo o maligno Baal o associal caminhava um dia ao longo de um rio

*Capítulo 8 B6.7*

Baal como padre
o maligno Baal o associal chega a um país onde reina a seca.

*Capítulo 9 B6.8*

Baal como padre progressista (carrasco)
ele está disposto a conversar. seu inimigo para melhor enfrentá-lo segue-o até seu domínio e reconhece um deus que está muito magro e ameaçadoramente espiritualizado. ele explicou para o trabalhador que era preciso o maligno Baal o associal o segue enquanto a função social da religião não for ferida. uma olhada para o moinho de vento que se move lhe mostra até onde pode ir.

*Capítulo 10 B6-9*

O Maligno Baal
Baal como funcionário do correio. uma mulher luta pela vida de seu irmão. o funcionário preenche várias formalidades. pressa é tudo. (tiro de canhão, relógio)

*Capítulo 11 B6.10*

o medo diante do complexo edifício da economia

*136*

a cozinheira e o estado
ladrões que tomam um roubo complicado para a polícia e para
a vítima
o maligno Baal o associal

*Segundo turno*

*Capítulo 12 B6.11*

Baal

1. Cena

BAAL – o Sr. escolheu seus convidados, Sr. Keuner?

KEUNER – não. mas para dizer a verdade: não e para dizer
mais uma coisa: as pessoas que comigo aqui se encontram são boas pessoas.

BAAL – você sabe que sua carne está ruim?

KEUNER – não.

BAAL – o Sr. sabe quem toma as sopas, Sr. Keuner?

KEUNER – não.

BAAL – o que é melhor: uma boa comida ou uma simpatia?

KEUNER – uma simpatia

BAAL – não. Uma boa comida. mais: o que é melhor: uma
comida ruim ou uma simpatia?

KEUNER – silencia.

BAAL – certo. Uma comida ruim.

*Capítulo 13 B6.12*

Baal e sua Amiga

KEUNER – estou à espera do Sr. Baal. devemos escolher para
recepcioná-lo pessoas que combinam com ele? não. em
todas as ocasiões é bom montar aquele quadro que à sua
maneira corresponde ao mundo. um desconhecido encon-
trará aqueles que aí estão quando vier. tomara que se en-
contrem as melhores pessoas

AMIGA – devemos preparar uma refeição?

KEUNER – se ele ainda estiver aqui vai comer com a gente.

AMIGA – então devo vestir uma bela roupa?

KEUNER – é claro.

AMIGA – na certa ele também vestiu seu melhor terno.

KEUNER – então vista sem razão nenhuma uma bela roupa.

*Capítulo 14 B6.13*

Editor e Trabalhador (homem de estado)

a partir do coral do maligno Baal

TRABALHADOR – as palavras são boas mas o conteúdo não faz sentido para o estado

BAAL e KEUNER – as palavras são o conteúdo

KEUNER – e o estado pode tirar proveito. eu me volto como pode ver contra você porque eu não julgo um homem não a partir daquilo que ele entrega. Esta forma de julgamento pertence a um estado ruim

*Capítulo 15 B6.14*

Baal

AMIGA – antes de sair: Eu representei uma mulher que se entrega a um homem e o serve. Eu deveria ser servil, mas se eu fosse decaída eu teria enterrado o ensinamento sabendo que estava fazendo o mal e doente. Isso eu deveria ter esquecido totalmente e decadente e sem pensar nenhum pensamento sobre o ensinamento e tudo o mais até que chegasse a minha hora quando eu teria novamente esquecido a minha decadência de todo.

*Capítulo 16 B6.15*

O maligno Baal o associal

KEUNER – Eu viajei até aqui.

*138*

*Capítulo 17 B6.16*

*Capítulo 18 Baal com os Atravessadores*

Eles tiram proveito de tudo: da mulher, da toalha de mesa, da comida, de si mesmos
A ameixa não comestível vem para ser devorada
através de perguntas cuidadosas os atravessadores procuram descobrir qual proveito pode ser tirado de Baal.
Baal vence os atravessadores.

*Capítulo 19 B6.17*

3. Cena
O maligno Baal o associal tira proveito da lírica para que um homem fique a seu serviço.

*B6.18*

*Capítulo 20 O Maligno Baal, O Associal e os Dois Mantos*

BAAL – Desde ontem à noite caminho por um frio cada vez maior, pelas florestas até onde elas se tomam mais escuras, a tarde foi gelada. A noite mais gelada ainda. e muitas estrelas se escondem de manhã em uma névoa esbranquiçada. Hoje os arbustos ocupam o menor espaço no ano todo. O que é mole gela. O que é duro demais se quebra.

O CORO DA ESQUERDA – o melhor estado é que
    o frio venha antes do calor
    tudo se torna tão pequeno
    quanto pode ser. Tudo
    silencia com tanta parcimônia
    o pensamento é irrealizável.
    E depois vem o calor

O POBRE – Está frio. não tenho manto. Estou com frio. Ali aquele grande senhor talvez possa me dizer o que posso fazer contra o frio. Boa tarde, senhor.

BAAL – (*Imóvel.*) Você sabe que não deve se dirigir a um homem na rua?

*139*

O Pobre – Está muito frio, senhor. O senhor pode me dizer o que posso fazer contra o frio? (*Mostra seus dois mantos.*)

Baal – Não, não está frio.

O Coro da Direita – o animal sem pêlo
no frio ele gela e
o frio vem
o homem sem manto
gela porque está frio
porque o mundo é frio
e o pensador ama
o mundo como ele é

O Pobre – O senhor pode me emprestar um manto?

Baal – (*Olha para ele espantado.*)

O Pobre – Está frio. Não tenho manto. Tenho frio, irmão.

Baal – Como se chama? (*Depois de haver tirado um dos mantos, de repente desconfiado.*)

O Pobre – José, meu irmão.

Baal – (*Conta nos dedos.*) Leu tinha três irmãos: irmão Antonio, irmão Carlos. Não sei mais quem. Justamente do terceiro nome não consigo me lembrar. Mas vou procurar pensar o dia todo e a noite que segue como era o nome de meu terceiro irmão. Volte amanhã, José.

O Pobre – Mas tenho frio. Não posso esperar até amanhã ali está uma cadeira. Vou queimá-la para aquecer-me.

Baal – Dê-me a cadeira para que eu possa sentar-me e pensar.

O Pobre – (*Arrasta a cadeira.*) Pense então, senhor.

Baal – também os dois mantos são por demais pesados

O Coro da Direita – louvem o belo animal, o
terrível, seu olhar claro
reflete o medo natural
do mundo que não pode ser modificado
sem acréscimo. não tem
medo do futuro e nem
da fome do inimigo. toma
o que vem para
os outros e para si.

Baal – Tenho pensado e já posso lhe dizer: tem que haver uma esperança para você porque senão morre de frio.

Dê-me a sua roupa para que eu possa sentar-me melhor e então poderei pensar melhor.

O Pobre – (*Dá-lhe a sua roupa.*) Então pense melhor.

Baal – Sente-se aos meus pés, José, e saiba que o mundo está cheio de carência. Ele é frio e isso é um erro. Nosso pai Gaspar gerou filhos demais. Falando com maior precisão, um deles foi demais. E também o homem é duro demais e por demais voltado para o material como por exemplo você José. Por acaso mostrou alegria ao me encontrar o seu irmão Baal? Ou foi só porque eu tinha o manto que me reconheceu? agora você silencia. Eu no entanto poderia lhe mostrar algo que o teria ajudado e a muitos como você. na minha roupa mais íntima guardo algo. Se nosso pai Gaspar a tivesse você não existiria e o frio não seria necessário. Está claro que não posso alcançá-la e é difícil chegar até ela já que está na minha roupa mais íntima. Tenho razão, José? Pode dizer algo contra isso? Não não pode. Então tenho razão? (*O pobre cai gelado e o maligno Baal o associal ri.*)

Baal – Você era um dos que estavam determinados a morrer gelados.

O Coro da Esquerda – o mundo é frio
                   por isso o modifiquem.
                   se o homem está acostumado ao calor
                   e morre de frio sem manto
                   dêem-lhe logo o manto
                   o pensador ama
                   o mundo como ele será

*Capítulo 2 B6.19*

Para Baal

O pobre deve ser covarde + o mba deve repreendê-lo – como razão principal por não daí nada. *Já que você é covarde demais para me bater.*

*Como trabalhei todo o verão, faltou-me a oportunidade + tempo para conseguir um manto.*

À pergunta severa: por que você não tem um manto?

*Capítulo 22 B6.20*

*Capítulo 23 Baal e os Dois Trabalhadores*

Trabalhadores – Nossas batatas estão quase cozidas e podemos comer.

Baal – Como vocês conseguiram as batatas?

Trabalhadores – Cortamos lenha.

Baal – Também quero comer.

Trabalhadores – Você também vai comer. Venha conosco, Baal.

Baal – E vocês não perguntam o que foi que fiz?

Trabalhadores – Não

Baal – Eu escrevi um poema.

Trabalhadores – E o que conseguiu por ele?

Baal – Eu costumo receber aplausos pelos poemas. Fiz o seguinte poema quando no colo branco da mãe cresceu Baal (primeiro verso)

Trabalhadores – Agora as batatas estão prontas. Agora queremos comer.

Baal – Primeiro quero terminar de ler o poema.

Trabalhadores – Você não quer comer?

Baal – Eu também quero comer mas primeiro quero terminar de ler o poema.

Trabalhadores – poemas são longos?

Baal – Existem poemas longos e curtos mas este aqui é longo. (*Ele continua lendo e lê o poema todo.*)

Trabalhadores – Agora queremos comer. Come Baal.

Baal – Terminei. Mas onde está o aplauso?

Trabalhadores – Há batatas o suficiente. Come você também, Baal.

Baal – Onde está o aplauso? Se não me derem aquilo que estou acostumado a receber não precisamos comer (*Ele alcança a panela e a quebra. Pisoteia as batatas e foge.*)

Trabalhadores – (*Um para o outro.*) não atire nele as batatas pois precisamos comer e não há nada pior do que desperdiçar comida.

*Capítulo 24 B6.21*

*Capítulo 25 Rua da Periferia da Cidade*

Diante dos cartazes de propaganda de um cinema obscuro Baal encontra acompanhado de Lupu um garotinho que está soluçando

BAAL – Por que está chorando?

GAROTO – Eu tinha duas moedas para ir ao cinema aí veio um menino e me arrancou uma delas. Foi este aí (*Ele mostra.*)

BAAL – (*Para Lupu.*) Isto é roubo. Como o roubo não aconteceu por voracidade não é roubo motivado pela fome. como parece ter acontecido por um bilhete de cinema é roubo visual. Ainda assim: roubo. Você não gritou por socorro?

GAROTO – Gritei.

BAAL – (*Para Lupu.*) O grito por socorro expressão do sentimento de solidariedade humana mais conhecido ou assim chamado grito de morte (*Cariciando-o.*) Ninguém ouviu você?

GAROTO – Não.

BAAL – (*Para Lupu.*) Então tire-lhe também a outra moeda. (*Lupu tira a outra moeda do garoto e os dois seguem despreocupadamente o seu caminho.*) (*Baal para Lupu.*). O desenlace comum de todos os apelos dos fracos.

*Capítulo 26 B6.22*

BAAL – Como está a temperatura?

LUPU – A temperatura está fria.

BAAL – Então haverá aula. Abrir a janela. tirar o casaco.

*Capítulo 27 B6.23*

Na primeira parte Baal aparece entre os atravessadores. Embora Baal seja ele mesmo um ele atravessador não consegue entrar em acordo com essas pessoas porque a sua maneira de ser é por demais exagerada. A mediocridade faz com que reine entre elas uma certa ordem vulgar da qual tiram proveito. Baal, com seu egocentrismo aberto e selvagem transforma-os

*143*

em inimigos ferrenhos. Sua maneira de ser é espiritual e portanto mais elevada já que a forma corresponde ao conteúdo sendo que a atitude do maligno Baal, o associal é tão violenta quanto a sua filosofia.

*Capítulo 28 B6.24*

*Capítulo 29 Baal Comentário*

1. PERGUNTA – Deveríamos peças isoladas, sem ligação?
1. RESPOSTA – Não. Já que é importante aprender o adiamento de posições que geram novas posturas. Pois na recepção do maligno Baal, o associal a simpatia se transforma em antipatia.
2. PERGUNTA – Deve-se representar um anfitrião rico?
2. RESPOSTA – Quem vai querer representar um anfitrião rico se ele não tiver com a razão ou sem a razão?
3. PERGUNTA – Deve-se mostrar o anfitrião como bobo?
3. RESPOSTA – Não. Já que ele também pode ser esperto.
PERGUNTA – O que une o Sr. Keuner aos seus hóspedes, principalmente as duas pessoas bobas?
RESPOSTA – Não são negócios. Pois o Sr. Keuner poderia fazer negócios com eles mas isto poderia levar ao erro de considerar que o Sr. Keuner tira proveito das pessoas para si e não para o estado. nesse caso seriam justificados os excessos do maligno Baal.

*Capítulo 30 B6.25*

O maligno Baal, o associal faz uma música com seu instrumento. Seus ouvintes começam a manifestar seus pensamentos mais íntimos. Um diz: quando ele entrou os mais altos o reverenciaram. Ou: quando ele foi ter entre eles ninguém o reconheceu. Mas eles riam alto e falavam. Ele parecia pequeno um corpo mirrado. Sua fala era confusa. Sua postura curvada. Por isso o desprezavam. E vejam ele fez como se não notasse e curvou-se diante deles e fez o que mandaram trabalho mesquinho. Mas quando o tempo passou seus amigos vieram da cidade e postaram-se na entrada com facas na mão e olharam para ele pequeno de pé no salão. Aí ele fez um sinal para que não poupassem ninguém que não o tivesse reconhecido e eles não pouparam nenhum e não deixaram ninguém sair. Mas ele foi embora e nunca mais foi visto. quando o mb estanca ele diz para este: onde estão seus homens, faça o sinal. Então o homem esconde seu rosto entre as mãos. E o mba ri dele.

*Capítulo 31 B6.26*

Baal
Mas nisso o maligno Baal, o associal é grande
na descrição do relato de seu inimigo
sua voz perpassa a minha me penalizando
pela minha alegria
quando ele explorava os exploradores
e tirava proveito dos atravessadores
eu o teria maltratado
pois ele fazia escárnio de minhas leis
por isso ele pode ser penalizado
por isso é chamado o associal
ao fazer exigências baratas a ele
o estado perfeito seria explorador

*B6.27*

Entrou um homem
O HOMEM – Sr. Incipiente! O Sr. não precisa vir ao escritório hoje. (*Ele mostra uma carta azul.*) Eu recebo 20 centavos. (*Entrega a carta.*)
BAAL – (*Deitando-se na cama.*) O que está escrito?
O MAGISTRADO – (*Lê.*) Caro Sr. Baal! Já que para um gênio de sua sorte um trabalho tão cansativo como o de escrivão, ao qual o sr. mesmo se furta por dias seguidos, não pode ser conciliado com o sentimento de responsabilidade do tribunal o sr. está despedido de seus serviços para a cidade a partir do dia 1º de junho. Assinatura: o chefe, ele mesmo. Sinto muito, sr. Incipiente.

BAAL – Às vezes eu sonho com um lago que é profundo e escuro e me deito entre os peixes e olho para o céu. Dia e noite até que eu tenha apodrecido.

O MAGISTRADO – Nessas circunstâncias eu renuncio aos 20 centavos embora eu também tenha que comer. Tenho a honra! (*Sai.*)

BAAL – (*Ri.*)

Verão 1954

# BIBLIOGRAFIA

Aslan, Odette (1993). *Danse/Théâtre/Pina Bausch I e II.*
_____. (1993). *Le corps em jeu.* Paris, CNRS.
Barba, Eugenio e Savarese, Nicola (1995). *A Arte Secreta do Ator. Dicionário de Antropologia Teatral.* São Paulo, Ed. Hucitec/ Ed. Unicamp.
Baudrillard, Jean (1996). *A Troca Simbólica e a Morte.* São Paulo, Loyola.
Benjamin, Walter (1974). *Gesammelte Schriften.* Frankfurt, Suhrkamp.
_____. (1985). *Walter Benjamin. Obras Escolhidas.* Trad. Sérgio Paulo Rouanet, vol. I, São Paulo, Brasiliense.
_____. (1985). *Versuche Uber Brecht.* Frankfurt, Suhrkamp.
Boal, Augusto (1988). *Teatro do Oprimido.* Rio de Janeiro, Civilização Brasileira.
Brasil, MEC, SEF. (1998). *Parâmetros Curriculares Nacionais: Artes.*
Brecht, Bertolt (1986-1996). *Bertolt Brecht. Teatro Completo.* 12 volumes. Rio de Janeiro, Paz e Terra.
_____. (1967).*Gesammelte Werke in 20 Bänden.* Frankfurt, Suhrkamp.

*147*

_____. (1988). "O Vôo sobre o Oceano". Trad. Fernando Peixoto, vol. 3, Rio de Janeiro, Paz e Terra.

_____. (1988). "A Peça Didática de Baden Baden sobre o Acordo". Trad. Fernando Peixoto, vol. 3, Rio de Janeiro, Paz e Terra.

_____. (1988). "Aquele Que Diz Sim e Aquele Que Diz Não". Trad. Luis Antonio Martinez Corrêa e Marshall Netherland, vol. 3, Rio de Janeiro, Paz e Terra.

_____. (1996). "A Decisão". Trad. Ingrid Dormien Koudela, vol. 3, Rio de Janeiro, Paz e Terra.

_____. (1994). "A Exceção e a Regra". Trad. Geir Campos, vol. 4, Rio de Janeiro, Paz e Terra.

_____. (1967). *Teatro Dialético*. Rio de Janeiro, Civilização Brasileira.

_____. (1986). *Poemas 1913-1956*. Sel. e trad. Paulo César Souza, São Paulo, Brasiliense.

_____. (1966). *Der Jasager Und Der Neinsager*. Vorlagen, Fassungen und Materialien. Frankfurt, Suhrkamp.

_____. (1968). *Der Böse Baal Der Asoziale*. Texte, Varianten, Materialien. Frankfurt, Suhrkamp.

_____. (1989). *Histórias Do Sr. Keuner*. São Paulo, Brasiliense.

_____. (1996). "Decadência do Egoísta Johann Fatzer". Trad. Ingrid Dormien Koudela, vol. 12, Rio de Janeiro, Paz e Terra.

_____. (1995). "A Padaria". Trad. Ingrid Dormien Koudela, vol. 12, Rio de Janeiro, Paz e Terra.

_____. (1995). "De Nada, Nada Virá". Trad. Ingrid Dormien Koudela, vol. 12, Rio de Janeiro, Paz e Terra.

_____. (1995). "A Vida de Confúcio". Trad. Ingrid Dormien Koudela, vol. 12, Rio de Janeiro, Paz e Terra.

_____. (1980). *Fatzer*. Berliner Ensemble. Staatstheater der Deutschen Demokratischen Republik. Leitung: Manfred Wekwerth. Redaktion: Werner Mittenzwei. *Brecht Jahrbuch*.

_____. (1996). *Fatzer*. In BRECHT, Bertolt. Grosse Kommentierte Berliner und Frankfurter Ausgabe, Bd. 10 Stückfragmente, Berlim/Weimar/Frankfurt: Aufbauverlag / Suhrkampverlag.

_____. (1994). *Untergang Des Egoisten Johann Fatzer*. Bühnenfassung von Heiner Müller, Frankfurt, Suhrkamp.

_____. (1994). *Bertolt Brecht Werke*. Grosse Kommentierte Berliner und Frankfurter Ausgabe. Berlim/Weimar Aufbau Verlag und Frankfurt, Suhrkamp.

_____. (1973). *Arbeitsjournal*. Frankfurt, Suhrkamp.

_____. (1959). *Versuche*. Frankfurt, Suhrkamp.

_____. (1995). "O Maligno Baal, o Associal". Trad. Ingrid Dormien Koudela, vol. 12, Rio de Janeiro, Paz e Terra. (Registro Biblioteca Nacional, 1999).

BRUEGHEL, Peter. (1525-1569). *Children's Plays*. Óleo sobre tela 118 x 161cm. Kunsthistorisches Museum, Leipzig.

_____. (1963). *Graphic Worlds of Peter Brueghel the Elder*. Nova York, Dover Publications.

ELLIS, Lorena. (1995). *Brecht' S Reception In Brazil*. Nova York, Peter Lang.

FOUCAULT, Michel. (1988). *Vigiar e Punir*. Rio de Janeiro, Vozes.

FREIRE, Madalena. (1983). *A Paixão de Conhecer o Mundo*. Rio de Janeiro, Paz e Terra.

FRISCH, Max. (1972). In: HINCK, Walter. *Drama und Theater im 20. Jahrhunder.* Göttingen, Vandenhoeck & Ruprecht.

GAGNEBIN, Jeanne Marie. (1982). *Walter Benjamin*. Col. Encanto Radical. São Paulo, Brasiliense.

_____. (1994). *História e Narração em Walter Benjamin*. São Paulo, Perspectiva/Fapesp.

HOGHE, Raimund. (1987). *Pina Bausch. Histoires de théâtre dansé*. Paris, L' Arche.

KOCH, Gerd. (1988). *Lernen Mit Brecht*. Frankfurt, Brandes & Apsel.

_____. (1984). *Assoziales Theater.* Steinweg, Reiner, Vassen, Florian (eds.), Köln, Prometh.

_____. (1994). *Korrespondenzen*. Zeitschrift für Theaterpädagogik 9, h.19/20/21 Brecht-Lehrstücke, S.1-126.

KOUDELA, Ingrid D. (1991). *Brecht: Um Jogo de Aprendizagem*. São Paulo, Perspectiva / Edusp.

_____. (1992). *Um Vôo Brechtiano. Teoria e Prática da Peça Didática*. São Paulo, Perspectiva / Fapesp.

_____. (1996). *Texto e Jogo. Uma Didática Brechtiana*. São Paulo, Perspectiva / Fapesp.

_____. (1984). *Jogos Teatrais*. São Paulo, Perspectiva.

_____. (1993). "Das TheaterSPIEL bei Brecht". *Korrespondenzen* 8, H. 15,S. 27-30.

_____. (1994). "Das Lehrstück – Bestandaufnahme und Entwicklungsperspektive in der brasilianischen Theaterpädagogik". *Korrespondenzen 9*, h.19/20/21, s. 99-101.

_____. (1995). *Lehrstück Und Episches Theater.* Brechts Theorie und die theaterpädagogische. Nachwort. Praxis. Frankfurt, Brandes & Apsel.

_____. (1998). "Maligno Baal, o Associal". In BRECHT, Bertolt, *Baal. Der böse Baal der Asoziale*. Texte, Varianten, Materialien. Kritisch editiert und kommentiert von Dieter Schmidt, Frankfurt, Suhrkamp, 1968. Tradução registrada na Fundação Biblioteca Nacional. Ministério da Cultura. Escritório de direitos autorais n. 167.356, Livro: 279 Folha: 497.

KOUDELA, Ingrid D. e GUINSBURG, Jacó. (1992). "O Teatro da Utopia: Utopia do Teatro?". In SILVA, Armando S. (org.). *Diálogos sobre o Teatro*. São Paulo, Edusp, pp. 141-160.

LANGER, Suzanne. (1971). *Ensaios Filosóficos*. São Paulo, Cultrix.

_____. (1971). *Filosofia em Nova Chave*. São Paulo, Perspectiva.

MAIER-SCHAEFFER. (1992). *Heiner Müller et Le Lehrstück*. Paris, Peter Lang.

MÜLLER, Heiner. (1995). "Fatzer + Keuner". Trad. José Galisi Filho. In "A Construção Do Zênite. Imaginação Utópica e Histórica em Heiner Muller". Dissertação de Mestrado, Unicamp.

_____. (1986). *Gesammelte Irrtümer: Interviews und Gespräche*. Frankfurt, Verlag der Autoren.

_____. (1974-1989). *Texte*. 11 vols. Berlim, Rothbuch/Verlag der Autoren.

_____. (1975). *Theaterarbeit*. Berlim, Rothbuch/Verlag der Autoren.

_____. (1983). *A Missão e outras Peças*. Lisboa, apáginastantas.

_____. (1987). *Teatro de Heiner Muller*. São Paulo, Hucitec.

_____. (1992). *Gedichte*. Berlin, Rothbuch/Verlag der Autoren.

_____. (1993). *Medeamaterial e outros Textos*. São Paulo, Paz e Terra.

_____. (1978). *Untergang Des Egoisten Johann Fatzer*. Version Heiner Müller. Berlim, Henschelverlag.

NOGUCHI, Haruchika. (1984). *Order, Spontaneity and the Body*. Tóquio, Zensei Publishing Company.

PAVIS, Patrice. (1986). "The Classical Heritage of Modern Drama: The Case of Posmodern Theatre". *Modern Drama*.

_____. (1996). *L'analyse des spectacles*. Paris, Nathan.

_____. (1999). *Dicionário de Teatro*. Trad. J. Guinsburg e Maria Lucia Pereira, São Paulo, Perspectiva.

PIAGET, Jean. (1982). *A Psicologia Da Criança*. São Paulo, Difel.

_____. (1977). *O Julgamento Moral na Criança*. São Paulo, Mestre Jou.

_____. (1975). *A Formação do Símbolo na Criança*. Rio de Janeiro, Zahar.

PRADIER, Jean Marie. (1997). *La scène et la fabrique des corps talence*. Bordeaux, Presses Universitaires de Bordeaux.

QUINTANA, Mario. (1983). *Lili Inventa o Mundo*. Porto Alegre, Mercado Aberto.

RITTER, Hans Martin. (1986). *Das Gestische Prinzip*. Köln, Prometh.

RÖHL, Ruth. (1997). *Teatro de Heiner Müller. Modernidade e Pós-Modernidade*. São Paulo, Perspectiva.

ROUSSEAU, Jean Jacques. (1993). *Carta a D' Alembert*. Campinas, Ed. Unicamp.

SARTINGEN, Kathrin. (1994). *Über Brecht Hinaus*. Produktive Theater-

*150*

rezeption in Brasilien am Beispiel von Bertold Brecht. Frankfurt, Peter Lang.

SCHILLER, Friedrich. (1963). *Cartas sobre a Educação Estética da Humanidade*. Trad. Roberto Schwarz, introd. e notas: Anatol Rosenfeld. São Paulo, Herder.

SCHMIDT, Ingo u. VASSEN, Florian. (1993). *Bibliographie Heiner Müller: 1948-1992*. Bielefeld, Aisthesis Verlag.

SILVA, Armando Sérgio. (1981). *Oficina: Do Teatro ao Te-Ato*. São Paulo, Perspectiva.

SPOLIN, Viola. (1979). *Improvisação para o Teatro*. Trad. Eduardo Amos e Ingrid Dormien Koudela. São Paulo, Perspectiva.

_____. (1999). *O Jogo Teatral no Livro do Diretor*. Trad. Eduardo Amos e Ingrid Dormien Koudela. São Paulo, Perspectiva.

STANISLÁVSKI, Constantin. (1972). *A Criação de um Papel*. Rio de Janeiro, Civilização Brasileira.

_____. (1976). *A Construção da Personagem*. Rio de Janeiro, Civilização Brasileira.

STEINWEG, Reiner. (1987). "Der Krieg in uns: Abspaltung oder Zukunft. Über die Arbeit des Angelus Novus am Beispiel von Brecht und Homer". *Theaterzeitschrift*. Heft 15, S. 112-123, Berlin.

_____. (1972). *Das Lehrstück*. Brechts Theorie einer politischaesthetischen Erziehung. Stuttgart, Metzler.

_____. (1995). *Lehrtück und Episches Theater: Brechts Theorie und Die Theaterpädagogische Praxis. Mit Einem Nachw. Von Ingrid Koudela*. Frankfurt, Brandes & Apsel.

STORCH, Wolfgang. (1988). *Explosion of a Memory*. Heiner Müller DDR. Ein Arbeitsbuch. Berlim, Edition Hentrich.

SZONDI, Peter. (1966). *Bertolt Brecht. Der Jasager Und Der Neinsager*. Vorlagen, Fassungen, Materialien. Frankfurt, Suhrkamp.

_____. (1987). *Theory of Modern Drama*. Cambridge, Polity Press.

THOMAS, Lewis Emma. (1995). "Lehrstück als performance". *Korrespondenzen*, Zeitschrift für Theaterpädagogik. Heft 23/24, Jul.

VASSEN, Florian. (1995). "Bertolt Brechts Learning Play: Genesis und Geltung des Lehrstücks". *The Brecht Yearbook 20*. Madison, S. 201-215.

VIGOTSKI, L.S. (1984). *A Formação Social da Mente*. São Paulo, Martins Fontes.

_____. (1997). *Educational Psychology*. Boca Raton, Flórida, St. Lucie Press.

WALEY, Arthur. (1966). "Taniko". *Der Jasager und der Neinsager*. Trad. Elisabeth Hauptmann, Frankfurt, Suhrkamp.

WENDERS, Wim/HANDKE, Peter. (1987). *Der Himmel Über Berlin*. Ein Filmbuch von Wim Wenders und Peter Handke. Frankfurt, Suhrkamp.

WIRTH, Andrzej. (1978). "Lehrspiel als Sprechmaschine. Fatzer na der Stanford University". *Theater Heute*. EUA, Heft 4, 1978.

_____. (1980). "Vom Dialog zum Diskurs: Versuche einer Synthese der Nachbrechtschen Theaterkonzepte". *Theater Heute*.

_____. (1981). "Du Dialogue au Discours", in: *Théâtre/Public*, n. 40-41.

WRIGHT, Elizabeth. (1989). *Post Modern Brecht*. Nova York, Routledge.

TEATRO NA DEBATES

*O Sentido e a Máscara*
Gerd A. Bornheim (D008)
*A Tragédia Grega*
Albin Lesky (D032)
*Maiakóvski e o Teatro de*
*Vanguarda*
Angelo M. Ripellino
(D042)
*O Teatro e sua Realidade*
Bernard Dort (D127)
*Semiologia do Teatro*
J. Guinsburg, J. T. Coelho
Netto e Reni C. Cardoso
(orgs.) (D138)
*Teatro Moderno*
Anatol Rosenfeld (D153)
*O Teatro Ontem e Hoje*
Célia Berrettini (D166)
*Oficina: Do Teatro ao Te-Ato*
Armando Sérgio da Silva
(D175)
*O Mito e o Herói no Moderno*
*Teatro Brasileiro*
Anatol Rosenfeld (D179)

*Natureza e Sentido da*
*Improvisação Teatral*
Sandra Chacra (D183)
*Jogos Teatrais*
Ingrid D. Koudela (D189)
*Stanislávski e o Teatro de Arte*
*de Moscou*
J. Guinsburg (D192)
*O Teatro Épico*
Anatol Rosenfeld (D193)
*Exercício Findo*
Décio de Almeida Prado
(D199)
*O Teatro Brasileiro Moderno*
Décio de Almeida Prado
(D211)
*Qorpo-Santo: Surrealismo ou*
*Absurdo?*
Eudinyr Fraga (D212)
*Performance como Linguagem*
Renato Cohen (D219)
*Grupo Macunaíma:*
*Carnavalização e Mito*
David George (D230)

*Bunraku: Um Teatro de Bonecos*
  Sakae M. Giroux e Tae
  Suzuki (D241)
*No Reino da Desigualdade*
  Maria Lúcia de S. B. Pupo
  (D244)
*A Arte do Ator*
  Richard Boleslavski (D246)
*Um Vôo Brechtiano*
  Ingrid D. Koudela (D248)
*Prismas do Teatro*
  Anatol Rosenfeld (D256)
*Teatro de Anchieta a Alencar*
  Décio de Almeida Prado
  (D261)
*A Cena em Sombras*
  Leda Maria Martins
  (D267)
*Texto e Jogo*
  Ingrid D. Koudela (D271)
*O Drama Romântico Brasileiro*
  Décio de Almeida Prado
  (D273)

*Para Trás e Para Frente*
  David Ball (D278)
*Brecht na Pós-Modernidade*
  Ingrid D. Koudela (D281)
*O Teatro é Necessário?*
  Fátima Saadi (D298)
*O Teatro do Corpo Manifesto:
Teatro Físico*
  Lúcia Romano (D301)
*O Melodrama*
  Jean-Marie Thomasseau
  (D303)
*Teatro com Meninos e Meninas
de Rua*
  Márcia Pompeo Nogueira
  (D312)
*O Pós-Dramático: Um conceito
Operativo?*
  J. Guinsburg e Sílvia
  Fernandes (orgs.) (D314)
*Contar Histórias com o Jogo
Teatral*
  Alessandra Ancona de Faria
  (D323)

Impresso na cidade de São Paulo,
nas oficinas da Imagem Digital, em junho de 2012,
para a Editora Perspectiva.